网络背景下的农产品营销研究

任书娟◎著

吉林大学出版社

·长春·

图书在版编目（CIP）数据

网络背景下的农产品营销研究 / 任书娟著 . -- 长春：
吉林大学出版社 , 2025. 2. -- ISBN 978-7-5768-4496-2

Ⅰ . F724.72

中国国家版本馆 CIP 数据核字第 2025MT4655 号

书　　名　网络背景下的农产品营销研究

WANGLUO BEIJING XIA DE NONGCHANPIN YINGXIAO YANJIU

作　　者　任书娟　著
策划编辑　殷丽爽
责任编辑　张宏亮
责任校对　安　萌
装帧设计　守正文化
出版发行　吉林大学出版社
社　　址　长春市人民大街 4059 号
邮政编码　130021
发行电话　0431-89580036/58
网　　址　http:// www. jlup. com. cn
电子邮箱　jldxcbs@ sina. com
印　　刷　天津和萱印刷有限公司
开　　本　787mm × 1092mm　1/16
印　　张　11.25
字　　数　220 千字
版　　次　2025 年 4 月　第 1 版
印　　次　2025 年 4 月　第 1 次
书　　号　ISBN 978-7-5768-4496-2
定　　价　72.00 元

前　言

　　"百业农为先"，农业是人类的衣食之源和生存之本，是国民经济发展的基础。当前，中国经济社会的快速发展使中国消费者的需求结构已经发生根本转变。从最开始的吃饱吃好，到吃健康、吃放心、吃品质，农产品市场需求呈现多样化发展趋势。同时，随着我国农业生产力水平的提高和市场经济的发展，商品种类日益丰富，农产品供给量也大大增加，农产品市场竞争也日益激烈。尤其在经济全球化、互联网快速发展的环境下，国外农产品依托规模庞大、拥有先进管理模式的跨国企业大举进入国内市场，使我国的农业生产经营面临着更大的风险和挑战。农产品市场营销问题已经成为农业生产经营中不容忽视的问题。人们已经普遍意识到在农业产品销售中，掌握农产品市场营销技能往往比掌握农业生产技能来得更为重要，做好了农产品市场营销可以降低成本提高效益，做不好则可能血本无归。如何认清农产品市场贸易状况，做好农产品市场营销，对实现农民增收具有至关重要的意义。

　　农产品市场营销是探寻消费需求，结合市场竞争和企业实力、拥有资源情况，对企业现实的农产品和有待开发的农产品进行有系统的策划和市场推广的行为，从而使产品增值，在向消费者提供价值的过程中让企业获利。随着我国社会主义市场经济体制的不断完善，农村经济和农业生产力得到了快速发展。长期以来困扰我国的农产品短缺问题得到了根本性解决。近年来，我国农产品市场供求总体平衡，丰年有余，这标志着我国农业进入了一个以市场为导向的新的发展阶段。从国外农业发展的历程和经验来看，在经历了发展生产和搞活流通两个阶段后，随着买方市场的形成，农业必然要进入市场营销阶段。我国农业进入新的发展阶段后，"以产定销""以量取胜"等传统的经营观念不断受到冲击，广大农户和农业企业感受到了市场竞争带来的压力，开始面向市场，研究消费者的需求，推销自己的产品。也就是说，在我国，农产品市场营销已经悄然兴起。

现阶段，互联网的发展为日新月异的营销活动创造了无限的机会和可能，借助新媒体进行网络营销的方式层出不穷。随着信息技术的发展，社交媒体发展十分迅速。社交媒体作为一种新型的信息传播媒介，主要依附于互联网技术而进行信息的传播及获取。由于新媒体技术在信息收集、信息内容与形式、信息传播途径等方面的突出特性，再加上其高度的开放性、参与的互动性和自由的社交性等天然属性，使得越来越多的人接触社交媒体，并用它发表、分享、传播或获取信息。人们在虚拟的网络世界里建立起来的关系可以迅速得到扩散，社会大众在获取信息、互相交流时，其个性特征、语言特点、行为方式和思想意识等方面也发生了很大的改变。网络营销不光给农产品销售带来了机遇，也提出了挑战。一方面，它为农产品市场营销提供了广阔的市场，最大限度地获得市场信息、积累和总结营销经验，为农产品市场营销带来生机和启示，做到有的放矢；另一方面，它也使农产品市场营销变得更加复杂，对传统的农产品市场营销方式和方法提出了挑战。因此，在网络时代背景下，改进和创新农产品市场营销，意义重大。

本书第一章为农产品市场营销概述，主要介绍了四个方面的内容，分别是农产品与营销，农产品市场营销的必要性，农产品市场营销环境，农产品市场营销的历史与现状；本书第二章为网络背景下农产品市场研究，主要介绍了三个方面的内容，分别是网络背景下的农产品市场营销困境，网络背景下农产品消费行为分析，网络背景下农产品市场定位；本书第三章为数字经济与农产品网络营销，主要介绍了三个方面的内容，分别是数字经济与网络营销概述，数字经济与特色农产品网络品牌营销，数字经济与农产品电商营销；本书第四章为网络背景下农产品多维营销，主要包括四个方面的内容，分别是网络背景下农产品绿色营销，网络背景下农产品品牌营销，网络背景下农产品文化营销，网络背景下农产品国际营销；本书第五章为网络背景下农产品市场营销发展与创新，包括两个方面的内容，分别是网络背景下农产品市场营销发展趋势，网络背景下农产品市场营销创新模式。

在撰写本书的过程中，作者参考了大量的学术文献，得到了许多专家学者的帮助，在此表示真诚感谢。本书内容系统全面，论述条理清晰、深入浅出，但由于作者水平有限，书中难免有疏漏之处，希望广大同行及时指正。

任书娟

2024 年 2 月

目　录

第一章　农产品营销概述

本章为农产品营销概述，主要阐述了四个方面的内容，分别是农产品与营销，农产品营销的历史与现状，农产品营销的必要性，农产品营销环境。

第一节　农产品与营销

一、农产品

（一）农产品的概念与特点

1. 农产品的概念

农产品是农业中生产的物品，如稻子、高粱、花生、玉米、小麦，以及各个地区的土特产等。"农产品是关系国计民生的重要物资，农产品的质量好坏直接关系人民的身体健康和社会安定。"[①] 国家规定初级农产品是指种植业、畜牧业、渔业未经过加工的产品。

2. 农产品的特点

（1）地域性

农业生产因土地资源的固定性，使农产品具有很显著的地域性。农产品地域性对销售渠道功能的要求极高。例如荔枝的产地在南方，而且成熟期在夏季，受天气影响非常大，保鲜是一个非常重要的问题。采收、包装、运输等一系列环节的把控对荔枝的新鲜度都会带来很大影响。

---

①贵州大学农学院组.贵州特色农业产业实用技术手册 种植业篇 [M].贵阳：贵州大学出版社，2020：270.

（2）季节性

农作物是典型的"季节性生产，全年消费"的品种，在农作物种植年度中，农产品同时收获、集中上市，表现出明显的季节性特点。

（3）波动性

农产品价格受种植面积、气候、产量、库存等条件，以及农业产业政策、补贴政策、国家收储政策等影响。农业生产有丰产歉产之分，淡季旺季之别。因此，农产品生产和供给呈现出很大的波动性。

（4）稳定性

农产品需求弹性小，偏刚需，尤其是粮食类与油脂类，不论价格怎样变动，消费需求基本是稳定的。

（5）差异性

受生活习惯的影响，同一区域的消费者消费需求趋同，不同区域的消费者则表现出一定的差异。因此，农产品的需求表现出一定的差异性。

（6）替代性

农产品作为人类的食物和生活需求，具有明显的相关性与可替代性。例如，玉米和大豆、小麦和稻谷，在种植面积上表现出一定的竞争关系。在价格的驱动下，人类愿意选择种植预期价格高的农作物，从而减少另一类农作物的种植面积。

（二）农产品市场

1. 市场概念与功能

（1）市场的概念

市场属于商品经济的范畴。随着社会分工、商品生产与商品交换的产生和发展，与之相适应的市场也随之出现，即哪里有商品生产和商品交换的存在，哪里就有市场。因此，市场作为联系生产和消费的纽带，其概念是随着商品经济的发展而发展的，其内涵也随着商品经济的发展而不断丰富和充实。人们从不同的角度对市场的概念有着不同的理解。

第一，市场是商品交换的实体场所。这里把市场从空间角度定义为做买卖的场所，它是一种集市，反映商品交换双方在同一地点进行交易这一经济现象，这是最初的市场形态。把市场理解为场所，这一概念从古代一直沿袭至现代社会，如人们生活中所提到的"菜市场""农贸市场"等，都是对市场这种狭义内涵的应用。后来，市场的内涵有所扩展，即任何所有权交换的场所。在该类场所，买卖各方不一定需要将用于交换的商品集中在此，只需通过谈判达成交换协议即可，这类场所如期货交易所、股票交易所等。与市场的这种内涵相近的表达方式还有："市场是商品的集散地""市场是销售商品的店铺"以及"市场是从事商品交换的机构"等。

第二，市场是商品交换关系的总和。当人们分析商品交换行为时会发现，商品交换不是自动进行的，而是由商品的所有者操纵进行的。市场的商品交换关系体现着商品所有者之间的关系。通过对无数次商品买卖行为的抽象归纳可以看出，市场是买卖双方相互让渡其商品的交换关系的总和。这种意义的市场概念说明了市场的本质是人与人之间的经济关系。

第三，市场是供给和需求的统一体。市场是由供给（卖方）和需求（买方）两大要素组成的。同时，可供交换的商品是实现交换的物质基础，具有买卖双方都能接受的交易条件和交易价格是实现商品交换和所有权转移的具体条件。就供给而言，卖方提供物质产品也包括无形的服务或各种商品化了的资源要素是市场中进行交换的物质基础。从需求角度讲，产品卖出去才能转化为商品，实现自身的价值，即产品有需求。当产品供不应求时，形成卖方市场，这时供给限制需求。当产品总体供过于求时，形成买方市场，这时需求决定供给。只有供给者而无需求者或只有需求者而无供给者，都不能形成商品交换，自然不存在市场。

第四，市场就是在一定时空条件下具有现实和潜在需求的客户群。客户群的构成可以是个人，也可以是组织。市场营销管理就是供给者为满足消费者需求而开展的一系列管理活动。哪里有未被满足的需求，哪里就有市场。当然，它是有支付能力的有效的需求。作为现实有效的市场，是由三个缺一不可的要素构成的：市场＝购买欲望＋购买力＋消费者群（人口）。

购买欲望是指消费者购买商品的动机、愿望和要求。消费者只有存在愿意购买商品的欲望，才有可能产生现实的购买行为，最终产生消费。作为经营者，在引导消费者产生购买欲望的同时促使他们购买自己的商品，是扩大市场的重要手段。促销的最终目的就是通过信息交流来刺激消费者现实的或潜在的购买欲望，使自己的产品能走向更大的市场。

购买力是指人们支付货币购买商品或劳务的能力。一般来说，购买力由消费者收入水平和物价水平决定，并且主要是由购买者的收入水平决定。收入越多，购买力就越高，市场也随之扩大，反之则市场缩小。

消费者群体是构成市场的基本因素和决定市场大小的基本前提，哪里有消费者群体，哪里才能有市场，它是决定市场规模的主要因素。

由此看来，当商品的生产力水平较高、商品供给者之间的竞争程度不断加剧、买方市场形成时，市场的内涵主要侧重于需求，开拓市场就是扩大需求。我们说某一种产品有市场，就是指该产品拥有愿意买并且买得起的消费者群体（客户或需求）。这种消费者越多，该产品的市场就越大。市场营销中的"市场"主要应用的就是该含义。

第五，市场是便于物品、劳务、生产要素或未来承诺的交易的任何一种制度，是便于将买卖双方联系在一起的一种安排。

随着通信工具的发展，现代市场不再局限于特定的场所，买卖各方也不一定见面，这时的市场交易则变成了一种制度性安排。例如，世界农产品市场不是指某个具体的地方，而是指从事世界农产品买卖的农产品生产者、加工者、批发商、零售商、使用者之间的相互联系和有关安排。他们不是在某个地方相会，而是通过电话、网络等信息传输工具进行联系，从而形成世界农产品市场。

以上对市场概念的不同阐述，只是强调的角度不同，以及时代背景不同，相互之间并不矛盾。供应者面向市场，是指供应者面向某一个国家或某一个地区的消费者群体，面向有购买欲望和购买能力的目标顾客，研究其购买行为、购买心理和购买习惯，结合自身的实际生产供应和产品销售地区的供求关系等情况，来确定经营方向和服务对象，从而制订正确的生产经营决策和市场管理策略，以达到自身的市场目标并提高经济效益。

（2）市场的功能

市场的功能是指正确运用市场机制所具有的客观职能。市场通过发挥自身的各种功能，推动商品生产、商品交换等活动的顺利实现。相对完善的市场体系所体现出的市场主要功能可以从以下几个方面进行概括。

第一，交易和价值实现功能。交易功能是市场的最基本功能。离开了商品及生产要素等物质或货币的流通与交易，也就谈不上市场的存在。市场在发挥交易功能的同时，市场经济主体通过市场与他人实现交换而满足自己对产品、服务或生产要素的供求愿望。

市场的价值实现功能是经营者能够顺利实现生产经营再循环的必要保障。在市场经济条件下，商品或劳务的价值要靠市场交换来实现。只有当经营者出售自己的商品或劳务，用所得货币补偿生产经营过程中所耗费的劳动，商品或劳务的价值才能得到完全实现；如果商品或劳务无法交换出去，或交换所得货币不足以补偿劳动耗费，凝结在商品或劳务中的价值就不能得到完全实现，社会再生产就会被迫中断或缩小规模。因此，市场的价值实现功能是保障社会再生产不断循环的重要功能之一。

第二，经济联系与供求对接功能。市场的经济联系功能侧重在宏观上。主要指市场作为国民经济的纽带和桥梁，能够将不同地区、不同产业部门以及不同的供求品联结为一个有机的体系，甚至将这种联结突破国界而演化发展为一国经济参与国际经济沟通与交流的渠道。市场的经济联系作用，发挥在一国范围内，能够推动全国范围的统一大市场的逐步形成和完善，使各种经济联系在国家层面联结成一个有机体系；该作用发挥在国际范围内，则表现为促进生产资本、商品资本和货币资本的国际化流动，从而使国家参与全球经济的运行。

市场的供求对接功能侧重在微观上，主要指市场作为供求各方的接触点而具有的联系产销、协调供求的连接功能，其主要任务是在产销或供求等各方的不同交易意愿中寻求可顺利实现交易的平衡点。例如平衡供应者批量生产与需求者零散购买的矛盾、协调供应者希望低成本高利润和消费者追求物美价廉的关系、解决供求双方在商品供求的空间与时间上的矛盾，等等。

第三，资源配置功能是指市场通过竞争和价值规律的作用，可自发地调节各种资源在社会经济各个区域、各个部门，以及各种供求品等方面的布局与分配。市场作为各种资源的配置者，按照其自身的内在规律，通过价格机制的作用来调节资源在区域、部门及各种要素使用中的分配关系。这种功能主要是通过价格机制和竞争来不断调整各种要素资源的分配格局。

市场的商品通过价格变化自动调整了该商品的供求关系。这种供求关系的不断变化是促使生产和消费资源不断重新配置的动因。市场竞争使经营能力较差的市场活动主体在竞争中被淘汰，而经营能力较强的全体则在竞争中得到发展。这种优胜劣汰的结果会使资源从效益较低的环节流向效益较高的环节，从而不断调整资源向相对合理的环节配置。

第四，社会服务功能。市场要顺利发挥并实现其交易、经济联系和资源配置等功能，必须具备社会服务手段并具有相应的各种社会服务效能。现代市场中商品的生产流通及生产要素的流动并不总是自发进行的，而需借助一定的服务手段才能实现。服务手段主要是通过建立为商品交易提供服务的各种设施与机构（包括银行、信托公司、保险机构、技术咨询和商品检验部门等），向市场进入者提供融通资金、传播信息、分散风险、信息咨询和维持市场秩序保障交易安全等服务。由此看来，现代市场的运行必须具备完善的服务网络并各司其职，才能保证实现其社会服务的各种功能。

第五，信息汇集与传播功能。各个经济主体之间所拥有信息不仅在数量与质量上不对称，而且在信息的分布上也很分散。这些质量和密集程度不同的信息只有通过市场来不断汇集与传播，才能有效地在各个经济主体之间不断流动，从而促使各经济主体依据所接受的市场信息调整经济活动决策，这在客观上实现了市场调节与支配各经济主体经济活动的职能。

市场经济条件下的市场一般是重要和敏感的经济信息源，是各种经济信息的汇集点。宏观上，市场能够直接反映国民经济的发展状况和国民经济各部门与区域、产销及供求之间的各种经济联系，通过市场汇集的各种指标和数据信息在反映国民经济运行状况的同时，对国家制定和调整宏观经济政策意义重大。微观上，市场根据供求及交易现状，不仅从供给上反映出各企业的生产经营状况及企业间相互依存、制约和竞争程度的信息，还汇集了包括消费者消费意愿与需求趋势等在内的各种需求信息，这为市场供求主体制订、调整自身的经营或消费计划提供了重要的参考。总之，市场时刻通过供求与价格等汇集、反馈、传播着各种信息，这些信息帮助经营者和消费者掌握市场动向并据此确立或调整决策。

第六，利益分配功能。市场通过价格、利率、税率和汇率等不同经济杠杆的调节作用，达到将经济利益在不同市场主体之间实现分配与再分配的目的。例如，利率的变化使经济利益在资金所有者和借贷者之间进行分配和再分配；价格变化使供求双方的收入和支出发生此消彼长的调整，实现经济利益在生产经营者和消费者之间的分配与再分配；税率的变动直接调整国民收入在国家、企业和个人之间的分配比例，从而实现经济利益在三者之间的再分配。市场通过交换功能的形式体现了物质、货币和信息在不同市场主体之间的流动，实质上则反映出经济利益在不同市场主体之间不断调整的分配关系。

第七，促进技术进步功能。市场通过价格机制促使竞争不断深入，迫使生产经营者从不断降低成本的过程中获得利润空间，其手段是通过努力采用新技术、新材料、新方法，不断改善生产经营条件等，来推动技术进步从而提高劳动生产率。市场促进技术进步的功能表现在：一是，促使技术创新和发明的不断出现；二是，在生产经营等经济活动中，技术转移和运用日益迅速并积极推动企业提高经济效益；三是，促使全社会不断提高劳动生产率及生产力水平。通过促进技术进步，市场逐步打破阻碍生产力发展的各种障碍和垄断，推动社会进步。

2. 农产品市场的内涵

狭义的农产品市场可以理解为买卖双方实现农产品所有权交换的具体场所或活动；广义的农产品市场则是指任何形式的农产品交易活动和交换关系的总和。

从农产品供求关系的演变来看，在农产品生产供应能力不断提高、农产品生产供给者之间的竞争程度不断加剧促使供给大于需求，从而形成农产品买方市场的过程中，农产品市场的内涵越来越侧重于强调需求。开拓农产品市场就是扩大农产品的需求，从而使该农产品所拥有的愿意买并且买得起的消费者群体（需求）越来越壮大。

无论从哪些角度理解农产品市场的内涵，作为"交换场所"的狭义内涵仍有较大的应用空间。狭义的农产品市场一般由交易设施、交易品的供求和交易人这三个基本要素组成。

交易设施是进行农产品交换所需要的场所、冷藏保鲜设备和仓储运输等必要的设施。

在交易品的供求中，交易品是用于交换的对象或交易客体，对于经营者来讲是作为商品的农产品，对于消费者而言则是货币。只有同时存在交易品的供给与需求，交易才有可能实现。

农产品交易人是指从事农产品交易活动的当事人。他们中既有把自己生产的农产品用于销售、获得收入以补偿生产费用并获得利润的生产者；也有购买农产品用于满足自身的生活消费需求或生产加工需要的消费者或使用者；还有既不是农产品的直接生产者、又不是农产品的直接消费者或使用者的中间商，他们出卖农产品的价格要高于购买价格，从中赚取差价以便补偿买卖活动中的费用，并能得到一定的利润。

2. 农产品市场的特征

农产品市场与一般工业品等其他产品市场相比，自身的特征主要体现在以下几方面。

第一，作为市场供给对象的农产品，生产上的季节性和周期性使其短期总供给缺乏弹性。农产品大多是自然生产的生物性产品，在生产上因受自然气候、四季变化及生产周期等影响，多数产品在供给上具有季节性和周期性。农产品供给在一年之中有淡季、旺季之分，数年之间有丰产、欠产等现象。例如棉花的收获多集中在 9 月至 10 月，西瓜上市旺季主要在 6 月至 9 月。我国水稻在北方一年只收获 1 次，在南方光温条件好的区域一年最多也不超过 3 次。虽然现代科技可以缩短一些农产品的生长周期并可通过反季节栽培调整部分农产品的上市时间，但总体上农产品供给的季节性和周期性仍是其进入市场的主要特征。受农产品生产周期相对长和农业生产要素（土地、资本及劳动力等）一旦投入则短期内调整余地较小等因素的影响，农产品生产者面对市场价格的变化，在短期内不容易灵活调整生产、投资等供给决策，因而农产品的短期总供给一般缺乏价格弹性。

第二，作为市场需求对象的农产品，具有功能的双重性，生活消费上的大量性、连续性、多样性和可替代性，总体上农产品的需求弹性较小。农产品具有生产资料和生活资料的双重功能：市场上的农产品有的供给农业生产单位用作生产资料，如植物生产用的种子、动物生产用的种畜和饲料、工业生产中用的各种原材料等；有的是人们日常生活离不开的必需食品，如谷物、果蔬和肉禽蛋等。农产品能够满足人类吃穿等基本生活需求，因而具有消费中的大量性和连续性。人们因衣食等消费偏好的千差万别而对农产品的需求表现出多样性。作为食品，许多农产品在效用上可以相互替代，如不同的肉类都能满足人们对动物蛋白的需求。由于人体对能量等基本需求的相对稳定性，人对食用农产品的基本需求量总体上不会因价格变化而发生大的变化。所以，总体上农产品的需求弹性是相对较小的。

第三，农产品市场的交易风险较大。交易规模上，现代化市场与传统小型分散市场并存。农产品大多是具有生命的生物性自然产品，具有鲜活易腐性，在储运、销售等过程中容易破损和变性。如果在市场上从供给方到达最终需求者经历的时间过长，极易造成腐变等损失，所以农产品市场的交易风险较大。在我国，农产品的生产供给仍多数分散于农民个体中，农产品的集中交易具有较强的地域性。交易规模上，既有一些区域所采用的传统小型分散的集市贸易或社区等形式的交易，也有大中城市、交通枢纽等交易规模较大的现代化农产品市场，如现代化的批发市场、期货市场、超级市场等。农产品市场多种交易形式与规模的并存，是保证农产品有效规避市场风险的重要途径。

第四，农产品市场的"完全竞争"结构在一定程度上发生了改变。一些农产品市场的进入门槛开始升高。市场供求者的大量性、产品的同质性、市场价格的既定性、进出行业的自由性，以及信息的完备性等是经济学中对完全竞争市场的基本假设。随着农业生产力的不断提高和社会经济发展导致人们生活水平的不断提高，农产品无论从供给方面还是从需求方面都发生了较大变化，农产品市场上的完全竞争局面逐步发生改变，在不少农产品市场的竞争中，出现了不完全竞争的市场结构特征。虽然农产品市场存在着过剩的生产能力、非价格竞争、产品差异等不完全竞争市场所呈现的特征，但部分农产品已明显不符合完全竞争的假设，总体上农产品市场相对于其他产品市场而言仍以竞争性为主，具有一定的经济效率。

3. 农产品市场的分类

提到分类则离不开标准。在统计学上同一主体中的各个不同个体会因分类标准的变动而被分在不同的类群里。农产品市场可以按照农产品购买者、交易场所的性质、交易形式和商品分割时间、交易规模和类型、市场形态、农产品类别等不同标准进行分类。

（1）按农产品购买者不同划分

按农产品购买者不同划分可将农产品市场分为消费者市场和生产者市场。

消费者市场是农产品购买者为满足自身或其家庭成员的需求而进行购买活动的农产品市场，它是整个农业生产活动为之服务的最终市场，也是农产品营销管理研究的重点之一。当农产品作为生活资料进入消费领域时，面对的就是消费者市场。

生产者市场是为满足生产者的生产经营需求而提供商品或劳务的市场。当农产品作为农业或工业的生产资料时，面向的就是生产者市场。

消费者市场与生产者市场的主要区别在于：消费者市场的购买者是个人，购买目的是生活消费，不谋求盈利，从社会再生产过程来看是再生产一次循环的结束，属于最终消费；而生产者市场上一般是有专业人员参与的有组织购买，购买目的是为维持生产经营活动，一般有盈利目标，从社会再生产过程来看是再生产的中间环节，是生产性消费。这种差别使上述两种市场在需求和购买行为上有较大的区别，由此决定了对这两种市场的营销管理策略应该是不同的。

（2）按农产品交易场所的性质划分

按农产品交易场所的性质划分，可将农产品市场分为产地市场、销地市场和集散与中转市场。

产地市场是在各个农产品产地形成或兴建的定期或不定期的农产品市场。它具有接近生产者、以现货交易为主要交易方式、专业性强（以某一种农产品交易为主）和以成批销售为主的特点。其主要功能，第一，为分散生产、经营农产品的农户提供集中销售农产品的市场机会；第二，传播市场信息；第三，便于农产品的初步整理、分级、加工、包装和储运。

销地市场是设在大中城市和小城镇的农产品市场。销地市场又可进一步分为销地批发市场和销地零售市场。面向大中城市内农产品零售商、饭店和机关企事业单位食堂等购买对象的主要是销地批发市场。而广泛分布于大、中、小城市和城镇的则是销地零售市场，其主要职能是把经过集中、初加工和储运等环节的农产品销售给最终消费者。

集散与中转市场的主要职能是将来自各个产地市场的农产品进一步集中，经过再加工、储藏与包装，通过批发商分销给全国各销地批发市场。集散与中转市场一般多设在公路、铁路交汇处等交通便利的地方，自发形成的集散与中转市场有的也设在交通不便的地方。这类市场一般规模都比较大，建有较大的交易场所和停车场、仓储设施等配套服务设施。

（3）按农产品交易形式和商品交割时间划分

按农产品交易形式和商品交割时间划分，农产品市场可分为现货市场、期货市场和拍卖交易市场等。农产品现货市场既是市场经济的产物，也是市场经济的一种运作方式。它具有现货交易的实物属性。农产品的现货交易可分为即期现货交易和远期现货交易。前者指买卖双方立即进行的一手交钱、一手交货的交易，我国目前进行的小额农产品市场交易多属于此类。后者是指根据买卖双方事先签订的书面形式的农产品买卖合同中所规定的条款，在约定时间内进行实物商品交付和货款结算的交易形式。我国目前出售大宗农产品多采用远期现货交易形式。我国农产品期货市场和拍卖市场还处于起步阶段，因而不是很普遍。

（4）依据农产品交易规模和类型划分

农产品市场依据交易规模和类型可分为农副产品综合交易市场、专业批发市场、零售市场和城乡集市贸易市场。农副产品综合交易市场是进行各类农副产品的批发及零售交易的市场。

专业批发市场是按批发价专门从事某类农产品批发交易的市场。一般在生产者、批发商和零售商之间进行交易。其主要职能有农产品集散、农产品价格形成、农产品信息传递（如新闻信息、统计信息和咨询信息等）、农产品加工、农产品包装和贮运等。从其在流通过程中所处的环节来看，不仅农产品产地和中转集散地设有专业批发市场（如山东寿光蔬菜批发市场等），作为销地的大中城市也可设立专业批发市场。

零售市场和城乡集市贸易市场是销量交易的场所，具有反馈信息和实现产品价值等功能，是产品销售的终端。主要包括农村的集市、城市的副食商店、食品商店、农贸市场和超级市场。

（5）按农产品的市场形态划分

按农产品的市场形态可将农产品市场分为传统农产品交易市场、新兴农产品交易市场。

农产品的网络营销和农产品电子商务等都是在现代经济条件下形成的新的营销手段，并据此形成新的虚拟农产品交易市场。

（6）按交易的农产品类别划分

按交易的农产品类别，又可将农产品市场分为木材市场、粮食市场、蔬菜市场、果品市场、肉禽市场和水产品市场。

总体来看，我国农产品市场交易方式已由集市贸易扩大到专业批发、跨区域贸易、订单和期货交易，逐步形成了以大型农产品批发市场为核心，以中小型市场和城乡集贸市场为基础，以直销配送和超市经营为补充，结合产销地批发市场、集贸市场、零售市场等形式的多层次、多形式、多功能的市场体系。在农产品主产区以及各大中心城市已经形成了完备的粮食、蔬菜、肉类、水果等批发市场体系。市场建设规模越来越大，功能日臻完善，市场主体的组织化程度逐步提高，发展势头有增无减。同时，以配送、超市、大卖场等为主的现代流通方式发展势头迅猛，在国内不少大中城市（如北京、广州、武汉、深圳等）的中心区农产品进入超市销售已成为现代农产品流通的新业态。

二、营销

营销是一种商业活动，旨在发现和满足消费者的需求，以创造和传递价值，从而实现盈利。营销的核心是企业或组织发现或挖掘准消费者的需求，通过整体氛围和产品形态的营造，来推广和销售产品。这包括从生产者手中将商品或服务传递给消费者的过程，以及满足消费者需求的一系列活动。营销不仅包括销售和广告，还涵盖创造、沟通、传播和交换对顾客、客户、合作伙伴及整个社会有价值的产品的活动、机构和过程。

营销的目的是在满足目标市场需求的同时，实现可持续的收益，它涉及价值交换，即通过满足他人的需求来获得利润。

市场营销走过了"以生产为中心""以推销为中心""以消费者为中心"的道路，农产品经营企业也走过了同样的道路，进入"以消费者为中心的时代"，通过认识消费者对农产品的需求，并努力生产和提供令消费者满意的农产品，自己的辛勤劳动就会获得丰厚的回报。这一商业活动不仅包括农业企业以外的生产和服务活动，还包括农产品离开农业企业以后的其他商业活动，农产品营销活动是对农产品生产的补充，农业企业与农产品市场相互依存。

三、农产品营销

（一）农产品营销的作用

农产品营销对农产品的生产，对农村经济的繁荣，对农民收入的提高，起着非常重要的作用，具体表现在以下 5 个方面。

1. 促进了农业产业结构的调整

农产品营销的开展有利于改善农产品的种植结构。市场需求是营销活动的指挥棒，根据营销的要求，农作物种植品种的选择必须符合市场的需求，而市场的需求是不断变化的，这就促使农产品种植的品种结构不断改善，从而不断增加优质农产品的有效供给。我国加入世界贸易组织（WTO）后，农业也置身于世界市场的大潮中。应通过营销活动，将我国农业也置身于国际农业产业结构的范围内，参与农业国际分工，形成自己的创新农业。

2. 促进了生产与销售的对接

生产与销售过去处于脱节的状态，生产者不清楚哪些农产品好销售，只管生产自己会生产的，销售者也不知如何去引导生产。营销是促进买卖双方交易的一系列活动，其最终结果是把产品推向市场，实现消费者购买的目标，使农产品生产有效地与销售相对接。

3. 促进了社会资本对农业的投资

农产品营销可以帮助农产品经营者吸引更多的投资，将社会资金聚集到农业产业上，使农业大有作为。作为基础产业，农业有很强的可塑性和延伸性，通过产品的延伸开发，以旺盛的销售集聚广泛的社会资源，必会带动社会资本对农业的投资。

4. 提高了农产品的出口创汇能力

中国市场已经全面与国际市场接轨，农产品也在走向国际化。农产品营销者通过国际市场调研、产品设计，按照国际消费者需求组织生产，培育高质量、符合标准的农产品，从而不断提高我国农产品在国际市场上的占有率和出口创汇能力。

5. 培养和锻炼了农产品经营者

在很多人看来，农业是一个没有什么技术门槛的"简单"产业。但事实上，农业生产远比工业生产复杂，农业生产者需要面对的可变因素，不仅有气象和生物活动等自然条件，还有变幻莫测的市场。营销活动可以培养和锻炼农产品经营者，使农民在竞争中成长，将分散的农民组织起来，培养出一批技能型人才，培养和锻炼他们如何将现代科技成果和信息技术运用于生产与销售，提高其发现、利用市场机会的能力，将农产品经营者培养为智能型现代新农民。

（二）农产品营销应遵循的基本原则

现代市场营销原则对于现代市场条件下的农产品经营者来说，是必须掌握的法宝，是他们致富的金钥匙。农产品营销有以下 5 项基本原则。

1. 把握市场的原则

在市场营销中，市场和顾客是出发点，是市场营销活动的指挥棒，把握市场与顾客需求是市场营销活动的中心环节，因此，农产品营销者应准确地掌握市场。农产品经销者要坚决克服那种单凭经验的主观主义，要充分运用市场分析、消费者行为分析、竞争分析、顾客满意度调查及各种试验、试销等科学的营销分析技术，正确地把握市场现状和顾客需求的发展趋势。

2. 对应市场的原则

把握市场是前提，应对市场是章法。市场在不断变化，农产品经营要根据市场变化不断调整营销思路。从市场出发，围绕着消费者需求的变动，有意图、有计划地开展市场营销活动，解决市场出现的矛盾；同时，要求农产品经营各环节中的每一主体都能开展各自的市场营销活动。

3. 创造市场需求的原则

消费者往往不十分清楚自己的需求，创造需求原则其实是将消费者的需求从深处挖掘出来。这一原则提醒我们，需求并非固定或有一定限度的，而是可以通过企业的努力去扩大和创造的。

4. 推拉结合的原则

农产品营销中少不了要开展各种促销活动，那些促销活动归纳起来有两种措施——推进和拉引。

推进措施，是指农产品经营者派遣销售人员活动于各批发市场，促进农产品交易，批发商向零售商推销农产品，零售商向消费者推销农产品，这样，从上游到下游，阶段性地进行信息传递和沟通，并转移其产品。

拉引措施，是指农产品经营者直接作用于消费者，激发消费者的兴趣和购买欲望，引导消费者到商店寻购其产品，零售商向批发商、批发商向制造商询问或订购。

5. 社会责任在前的原则

农产品大多数与食品有关，食品安全是当今世界的头等大事，农产品经营者的市场营销活动一定要遵循社会责任在前的原则，以保护消费者及其利益，使消费者享受应该享有的权利，将食品安全摆在首位。面对并适应"绿色"健康的趋势，促使消费需求与社会相协调。在市场营销活动中既要满足消费者的需要，又要符合道德规范，同时，符合消费者和整个社会的长远利益，特别是在处理消费者欲望、企业利润和社会整体利益之间的矛盾时，要做到统筹兼顾。

第二节　农产品营销的历史与现状

一、农产品营销的历史

（一）农产品营销的历史演变

1. 基本无营销时期

农产品营销是在市场上进行的，没有市场，没有交换，也就没有农产品营销。在改革开放前的 20 多年里，由于农产品的严重短缺，国家对农产品实行统购统销，这时没有市场。这期间虽然也开放过农产品集贸市场，但进入集贸市场交易的品种受到限制，数量也很小，而且很快被取消。同时，在农产品集贸市场上参与交易的卖方和买方人员也受到严格限制，在市场空间上基本上是地产地销。这些显然不能影响农产品统购统销的基本性质。加之这一时期市场营销理论尚未引入我国，无论农产品生产者还是销售者，还都没有"市场营销"的概念。

一般来说，在农产品严重短缺的情况下，生产者受利润最大化动机的支配，会通过扩大生产规模，提高劳动生产率等途径增加农产品总量，获得更多的利润。但我国这一时期无论是农产品的生产者还是销售者，其生产经营行为都不受利润最大化动机的支配，而是由计划指令或行政命令所决定。在生产方面，由政府行为决定的低层次的广种薄收，如毁林开荒、毁草开荒、围湖造田等成为这一时期增加农产品总量的主要途径。在价格方面，农产品的收购价格和销售价格由政府统一制定，生产者、销售者没有定价的主动权，消费者没有讨价还价的余地，价格也就失去了促进销售的功能。农产品的流通渠道不仅单一，而且由政府垄断，生产者和销售者既没有开拓分销渠道以扩大销售的必要，也没有通过构建新的分阶渠道以促进农产品销售的可能。在促销方面，由于农产品严重短缺，供不应求，即使产品质量一般也能卖出去，甚至是排队抢购。无论是农户还是国营商业部门，并不需要派人搞推销，也用不着做广告。所以销售促进与农产品无缘。除出口贸易举办的每年一次的"广交会"期间，偶尔能见到少数农产品的文字宣传材料外，几乎见不到农产品宣传广告，更谈不上利用人员推销、营业推广、公共关系等手段进行农产品促销了。因此，这一时期的农产品基本市场无营销可言。

2. 大量生产向大量推销转变时期

增加农产品总量以缓解供求矛盾是改革初期的主要任务。这一时期主要通过经济手段调动农民的生产积极性，增加农产品供给总量。20世纪80年代初，在联产承包责任制和提高农产品价格的双重刺激下，农民的生产积极性有所提高。为了满足巨大的市场需求，大量生产仍是这一时期的主要任务，提高劳动生产率、提高单产成为这一时期增加农产品总量的主要手段。例如，凡是能增加产量的品种就被认为是"良种"，质量被放到次要位置，并且只要是产量高的品种，几年甚至十几年不变。以水稻为例，有些米质并不好的水稻品种由于产量高，易管理而被作为"良种"，在当时种植的时间长达十几年。

大量生产有一个假定前提，即假定市场需求是相同的，即使存在着差异也被认为是微不足道的，或根本看不到需求的差异性。对于粮食等同质性很高的农产品来说，这种假定也是基本符合改革初期消费需求的实际情况的，因此大量生产成为这一时期农民生产经营行为的主要特征。品种单调和低品质的大量生产本身已隐藏着"卖难"的可能性。随着经济的发展和城乡居民消费水平的提高，这种在只关心生产，忽视市场需求的营销哲学指导下大量生产出来的高度同质化的农产品，便难以适应已经变化了的市场需求，造成不少地方农产品出现"卖难"和大量推销现象。

"卖难"问题首先出现在粮食领域，1983～1984年，就已出现了"卖粮难"现象。但由于当时粮食市场尚未放开，仍由政府垄断粮食的收购与销售，政府采取扩大收购的对策；加之粮食是一种兼有自给性和商品性双重属性的产品，粮食难卖时农户会多存储一些或多消费（如用作饲料、酿酒等）一些。因此，当时没有造成农民粮食的大量推销现象的出现，但并没有消除导致"卖粮难"和大量推销的根源。随着政府对低品质且高度同质化的粮食收购量的增加，"卖粮难"的潜在危机便由粮食生产者，即农民转移到国有粮食部门。到 1997 年，终于出现"粮多仓满、盛不了、卖不出、调不动、存不下"的严重局面。国有粮食部门普遍亏损，财政补贴急剧增加。因此，如何将已生产的或库存的粮食卖出去，减少库存，成为国有粮食部门的主要任务，粮食的大量推销终于爆发。

对于大多数由市场调节的农产品而言，大量推销现象出现在 20 世纪 80 年代中期。南方的柑橘是当时大量推销的典型。例如湖南在 20 世纪六七十年代从浙江引种的无核蜜橘，到 80 年代中期已进入盛果期，过去是橘农坐在家里等人上门收购，当时是柑橘丰收却卖不出去，于是派出推销人员到华北、东北等地大力推销，但由于品质一般，且受交通运输条件的限制，收效也不理想。

这一时期，市场营销理论已引入中国，并在农业领域得到初步应用，但在不同的产品领域应用的程度不同。一般来说，由市场调节的农产品应用市场营销原理较早且较充分，而由政府控制的市场化程度不高的农产品则应用较少。这一时期对市场营销原理的应用主要偏重于分销渠道、人员推销与广告促销等方面。虽然一些地方也将品牌、商标、包装等原理应用到农产品的领域，但主要目的是促进产品销售。从根本上来说，营销观念仍停留在产品观念或推销观念阶段。

3. 从大量推销向现代营销转变时期

20 世纪 90 年代末期以来，随着城乡居民收入水平的进一步提高，消费需求也发生了新的变化。在食物结构方面，经历了细粮化、副食化演变之后，进入主食优质化阶段。在选购食品标准方面，越来越注重食品的特色、营养成分、安全卫生性和易加工性；在购买地点上，由于生活节奏的加快，消费者更倾向于节省时间、在方便的场所购买；在消费倾向方面，品牌消费已逐渐成为一种潮流。即使农产品也出现了品牌认购 (如大米)。总之，消费者的购买行为和对农产品的需求差异越来越明显。20 世纪 90 年代中期以后，农产品买方市场已经形成，卖方已没有市场优势。这种市场环境，促使农产品生产经营者的营销观念发生重要变化，从以生产或推销为中心逐步向以顾客或消费者为中心的现代营销观念转变。具体体现在以下几个方面。

第一，绿色营销观念导入农产品营销过程，绿色营销已成为一种大趋势。绿色营销观念是环境保护意识和市场营销观念相结合的产物，是"以消费者为中心"

的现代营销观念的新发展。与纯市场营销观念相比较，它更重视消费者的长远利益和社会整体利益。主要表现在：①它将生产经营者的营销目标从最大限度地刺激消费需求转变为追求可持续消费。②将营销服务的对象从消费者扩展到"消费者与社会"；将顾客重新定性，即从毫无约束的物质资源"消费者"转向保护自然资源的"人"。③将"顾客满足"重新定义，传统营销学所指的"满足"集中于产品和服务被消费时得到的满足，而绿色营销要求达到的满足，不仅在产品被消费时，还包括生产或提供产品时和产品被消费后。这一从产品的"摇篮到坟墓"的全过程均使顾客得到满足的要求，涉及生产经营者的全部行为和创造顾客满足的整个产品历史过程，因而使"顾客满足"变得更为复杂。④营销管理的内容增加。绿色营销管理则将环境保护纳入生产经营者整体管理的范畴。生产经营者在整体营销管理中必须考虑绿色产品与包装、产品生产和营销过程中的污染和废弃物对环境的影响等，并以此实施整体管理。绿色营销观念的基本思想，正在逐步深入我国农产品领域，并开始成为农产品营销的一种新的指导思想。

农产品绿色营销涉及宏观和微观两大体系，包括生产、流通、消费三大领域。从宏观方面看，1989 年底七届全国人民代表大会常务委员会第十次会议通过了《中华人民共和国环境保护法》，1992 年中国家绿色食品发展中心成立，2012 年农业部第 7 次常务会议审议通过了《绿色食品标志管理办法》。这表明，国家制定农产品营销政策的绿色营销导向已十分明显，农产品绿色营销的宏观条件已基本具备。

从微观方面看，目前，绿色营销观念正被越来越多的农产品生产经营者所认识，对其营销活动的影响越来越大。在产品生产方面，加强了绿色农产品的生长环境、生产条件、生产技术、劳动投入的研究，建立了一批无公害食品、绿色食品的生产基地。在营销组合策略方面所体现的绿色营销观念也越来越明显。首先，绿色食品的品种、产量增加，是绿色包装。现在使用包装的农产品越来越多，这些产品在包装设计时，实际部门和舆论界越来越重视包装及其残余物对环境的影响，使之符合"可再循环""可生物分解"的要求。其次，是绿色商标。在给绿色农产品进行品牌命名和选择商标时，更注重符合绿色标志的要求，使人们在接触产品及其商标时联想到葱郁的植被，茂密的森林，诱人的花草，清澈的水源，优美清洁的环境和蓬勃的自然生机。有的甚至还直接使用了"可食商标"。例如，山东省东营市的一些生产经营者将可食色素、可溶性动植物的产品如豆腐皮、糯米低等做成可食商标，直接加工在主食上或农产品上。又如，对一些瓜型蔬菜如冬瓜、西葫芦、南瓜等产品则用硬枝把商标写在幼果上，图案同瓜果一起长大，保持原汁原味，既无公害又带有商标。这些都是绿色营销观念在品牌商标策略中的具体体现。再次，是绿色价格策略。绿色农产品的生产和流通有特殊的环境要求，其成本也较之一般产品高，因此绿色农产品的价格也高于普通农产品，使之获得了良好的经济效益和社会效益。最后，在农产品促销中，将产品信息传递与绿色教育融为一体已成为新趋向。近年来，一些农产品促销广告已不只是单纯传递无污染、无公害的绿色信息，而是转化为对节省资源、保护环境的绿色教育，使消费者从关心广告产品"是否对我有害"转变为"我要关心爱护环境"。这表明绿色营销已成为农产品营销的一种新方式。

第二，农产品营销团体纷纷成立。农产品营销团体可以分为两类，一类是由专业技术服务组织转化而来，如蔬菜协会、苹果协会等，这类组织在进行技术服务的同时还承担部分市场营销职能。另一类是专门成立的农产品营销协会，它的成立更能表明我国农产品营销的发展。例如，江苏省农产品营销协会成立的目的在于通过协会，引导全省农民开拓农产品国内国际市场，促进农业增效、农民增收。会员的主体是该省的农业产业化龙头企业、农村专业合作经济组织、农产品批发市场和农产品运销大户。协会的主要任务：一抓理念，推动和促进农产品销售。有计划、有组织地推动批发市场或龙头企业与基地、超市对接，不断地向超市经营延伸。引导有条件的批发市场或龙头企业直接兴办超市，或利用现有超市和社会资源实行联合，由批发市场或龙头企业负责配送。二抓基础，建立健全现有的组织网络。拟用3～4年的时间，在全省建立健全覆盖所有乡镇的协会组织。三抓信息，为农民提供较为准确的市场信息，引导有条件的大户发展网络交易，依托"江苏农业网"建立一支为农产品流通提供服务的信息员队伍。四抓商机，广泛开展农产品营销活动。逐步发展一批省级品牌农产品，建立江苏省品牌农产品超市和配送中心，进而发展订单农业和优质农产品基地，促进农产品国际贸易。五抓维护权益，建立行政、舆论、法制监督机制，为会员说话、撑腰。六抓通道，协调农产品运销过程中的问题，创建农产品"绿色通道"。

第三，注重市场调研，并对市场进行细分，实行目标市场营销。在农产品大量生产与大推销时期，由于忽视消费需求的差异性，农产品生产经营者并没有市场细分、目标市场营销的概念。随着"以消费者需求为中心"的营销观念的确立，市场调研越来越受到生产经营者的重视。市场调研是新产品开发的起点，也是进行市场细分、实行目标市场营销的前提。很多农产品的中介组织、经销商通过市场调查，将市场需求信息及时传递给农产品生产者；一些农产品生产者也直接进行市场调查或通过广告等渠道及时了解市场需求信息，确定生产品种、上市时间、销售地区。例如，南方沿海一些渔民网箱养殖的水产品，专门供应北京等大城市的宾馆、招待所和餐饮业；小麦既有用作面包加工原料的，也有用于加工面粉的；等等。这些农产品在生产时其目标市场就已十分明确。即使是大米这样同质化程度很高的产品，也细分为宾馆餐饮业和居民食用等不同市场，各种不同类型的产品都有其目标市场。

第四，注重新产品的开发与产品改良。现代营销观念与传统推销观念一个重要的区别在于后者是从既定产品出发，在此前提下进行大量推销。现代营销的研究和应用范围则不限于流通领域，而是扩大生产领域，注重研究适应市场需要的新产品的开发与产品改良。近年来，农业领域推出的甜玉米、方形西瓜、工程鲫鱼等，以及农产品加工一系列新产品的问世，正是现代营销思想在生产领域发生作用的具体体现。

第五，农产品的分销与促销形成多样化。在分销方面，不仅传统的"生产者—批发商—零售商—消费者"的分销渠道模式得到发展与完善，许多农产品进入了大型的超市市场，还创造了新的营销方式：一是，网络营销。一些农产品生产基地或批发市场在互联网上开通了自己的网站或网页，将农产品品种、规格、价格等信息及时传递给买方，并可在互联网上进行交易。二是，定制营销。农产品营销的形式也越来越多，除传统的人员推销和广告促销外，各种特色的农产品博览会、交易会和各种主题的公共关系活动（如新闻发布会）等已成为农产品促销的重要形式。此外，近几年发展起来的观光农业、旅游农业既传播了农产品信息，又直接促进了当地农产品的销售。

进入 21 世纪后，随着科学技术的的发展，社会已经步入了信息时代，尤其是在互联网的深刻影响下，农产品营销从以农产品生产为中心，发展到以农产品为中心的营销观念，再发展到顾客需求导向和关系营销的观念，农产品营销呈现出新的发展趋势。随着互联网的普及和电子商务的快速发展，中国农产品营销在过去几年取得了显著的增长。互联网技术的快速发展，为中国农产品营销提供了强有力的支撑。通过互联网，农产品企业可以直接与消费者进行沟通和交流。以农产品电商、直播为例，通过线上线下相结合的方式，消费者足不出户就能购买到新鲜的农产品，而农民则能够直接面向消费者销售自己的农产品。这种线上线下结合的模式不仅提高了农产品的销售效率，还能够减少中间环节，让农民获得更多的利益。互联网技术对中国农产品营销的发展起到了积极的推动作用。

（二）农产品营销渠道的历史演变

1. 农产品运销阶段

19 世纪末 20 世纪初是农产品营销的产生阶段，也是市场营销学产生的阶段。在该阶段，农产品营销渠道主要形式为生产者—消费者的直接销售渠道。由于在该时期美国农产品生产的规模化和机械化程度有所提高，加上工业发展需要大量劳动力，使大批剩余劳动力涌入城市，客观上造成了城市劳动力的相对过剩，使对农产品的购买能力下降，农产品市场价格相对提高。解决该问题的主要方法是如何选择经济便捷的运输方式，以降低运输成本和销售价格。因此，许多学者将这个时期的农产品营销学表达为 "*The Marketing of Farm Products*" 即译为 "农产品营销学"。

2. 以中间商销售为主阶段

20 世纪 20 年代至 40 年代，由于美国农产品机械化和规模化水平的进一步提高，农产品出现了过剩问题，形成了农产品买方市场。农产品营销面临的已不是如何降低渠道成本和提高营销效率问题，主要问题是如何使过剩的农产品实现市场交换。以前的农产品运销方式，显然带有生产主导性，生产者缺乏市场驾驭能力，这样出现了对中间商的选择和培养，通过中间商的市场能力优势把农产品推向市场，完成农产品在流通领域中的所有权转移。因此，在该时期许多人把农产品营销等同于农产品推销学。

3. 垂直一体化渠道阶段

20 世纪 50 年代，由于中间商在农产品市场交换中占有主导地位，传统的营销渠道系统中的中间商（渠道成员）处于一种完全竞争，相互排斥状态。农产品在流通过程中所有权转移环节多，各渠道成员为自身利益，往往以追求最大利润为目的，农产品在市场中的交换利润绝大部分被中间商掠取，生产者往往得不到农产品在市场交换中的平均利润，受到中间商的盘剥。为了抵制这种盘剥，农民纷纷组织各种形式的生产者联合体，实行农工贸一体化经营，形成了以生产为中心的垂直一体化渠道系统使农产品营销渠道延伸到生产领域。

4. 以顾客为中心的渠道发展阶段

20 世纪 60 年代至 70 年代，随着经济的发展，消费者的消费越来越个性化，农产品营销渠道活动从消费领域开始，形成了以顾客导向为特征的营销观念。农产品渠道的设计以为顾客提供便利和服务顾客为中心，使渠道设计从以生产为中心转变为以顾客需求为中心，使农产品营销渠道延伸到消费领域。

5. 渠道整合阶段

20 世纪 80 年代至今，农产品营销渠道从过去传统的营销渠道系统发展到整合的营销系统。渠道成员间的关系由原来各自追求最大利润的竞争关系整合为农产品生产、流通、消费等全过程的服务目标统一性。在此基础上建立起渠道成员间的各种合作关系。在西方农业发达国家，特别是美国，农业联合体逐渐成为农产品营销的主体。农业现代化的发展要求农业中许多部门（如产前、产中、产后的服务机构和加工机构）从农业中分裂出来，形成以农产品生产、流通和消费为中心的综合服务体系。这种综合服务使农产品营销渠道延伸到农产品产前的服务领域和其他辅助的服务领域（如银行、保险、运输、咨询等）。

以上农产品营销渠道发展的五个阶段是伴随农产品营销理论的发展而变化。同时，农产品营销渠道的演变也是农业经济发展的演进轨迹。前三个阶段属于以生产为导向型的农产品营销阶段，其主要目的是如何通过降低成本、提高渠道效率，使生产者的农产品传递到消费者手中。采用以农产品为中心的农产品运销、农产品推销和产销一体化的营销活动方式。这些营销方式实质上是生产——市场的模式。它是卖方市场下的农产品营销活动。第四、第五个阶段，由于经济和技术的快速发展，农产品生产已不再是营销活动中的主要问题，顾客的需求，尤其是顾客个性化的需求，使农产品营销活动必须以顾客需求为出发点和终点。农产品营销渠道的设计形成了市场—生产的模式。该模式不仅体现买方农产品市场的需要，也满足在卖方市场下生活水平日益提高的顾客差异需求。

二、农产品营销的现状

改革开放以来，我国农业生产能力有了很大的提高，长期困扰我国农业的农产品供求短缺时代已经过去，农产品市场已从过去的卖方市场转变为买方市场。但随之又出现了销售渠道不畅，销售价格偏低，局部地区的农产品短期大量积压等一系列严重问题。所以，分析农产品营销现存的问题并有针对性地研究解决的策略，显得至关重要。

我国作为农业生产大国，农产品不仅是人们生活的必需品也是国民经济的基础。通过对我国当前农产品营销管理的现状进行深入科学的研究与综合分析，找出其普遍性及面临的实际问题，并提出具有实际针对性的解决对策，有助于我国农业持续健康地快速发展。农村集体经济的发展受农产品的市场营销方式的直接因素影响，随着互联网时代的到来与快速发展，必须改变传统的农产品营销模式，把农产品与互联网结合起来，合理优化农产品营销资源配置，从而能够在最大限度上降低农民的生产经营成本，有效地解决传统农产品营销中的一些问题，提高农民的收益，促进农村经济的健康发展。农产品营销现状如下。

第一，农产品市场建设发展迅速。农产品批发市场有多种类型，包括粮油市场、蔬菜市场、水产品市场、肉类禽蛋市场和鲜果市场。经过多年的快速发展和规模扩张，我国农产品贸易市场正逐步实现从数量扩张向质量改进的转变，初始流通规模、市场硬件设施的明显改善、商品等级的提升以及市场运行质量的提高。

第二，农贸市场是农产品流通的主渠道。我国基本上形成了基于城乡市场和农产品批发市场的农产品营销渠道体系。农产品批发市场的蓬勃发展对搞活农产品流通、增加农民收入、满足城镇居民消费需求起到了积极的作用。

第三，以配送、超市、大卖场等为主的现代流通方式发展势头迅猛。超市在近几年开始涉足农产品销售领域，与传统的集贸市场在零售终端展开了激烈竞争，很多地方政府也在大力推行"农改超"工程，打造高效安全的农产品营销网络，使之与城市经济社会发展相适应。

第三节　农产品营销的必要性

20 世纪 90 年代后期以来，我国农业进入新的发展阶段，农产品供给由短缺转为有余。农产品产销的市场环境发生了根本变化，开始由卖方市场向买方市场转变。这给生产者和经营者原有的思维和经营模式带来较大的冲击，给农产品产销带来以下矛盾和问题。

第一，买方市场条件下，生产者与消费者地位发生转变，消费者在市场中掌握了主动权，从被动变为主动。如果不对农产品营销进行及时调整，最终将损害农产品生产者、消费者乃至整个社会的利益。

第二，农产品供求格局发生变化，结构性矛盾愈加突出。消费者需求差异表现得越来越明显，对农产品的需求已从数量转向质量，供求结构性矛盾日益加剧。

第三，农产品营销手段落后，经营风险增加。目前，我国农产品产销中依然存在着重视生产，忽视集中、平衡和分散的问题。营销手段陈旧，不注重市场调研和产品标准化，轻视产品品牌和包装的重要作用，缺乏农产品必要的产后加工、贮运等技术和能力，往往会使生产者和经营者在竞争中处于不利地位。农产品市场稍有变化，对生产者和经营者的收入就会产生非常大的影响，使农产品产销面临更大的风险。

第四，市场发育不健全。买方市场条件下，日益增多的、充足的农产品要顺利、及时进入消费市场，客观上要求有完善的市场体系，有高效率的中介组织。近些年，我国的农产品批发市场虽然发展了不少，但仍存在不均衡、层次低及市场建设滞后的问题，不仅增加了交易成本，减缓了流通速度，还导致了生产的盲目决策，因此农产品市场需要完善实用的农产品营销手段。

因此，针对上述矛盾与问题，十分有必要加强农产品营销，农产品营销有利于充分利用和开发农业资源，提高农业经济效益，促进农业发展；有利于城乡物资交流，活跃城乡市场，促进社会主义市场体系的完善与发展；有利于促进农业产业化建设，变农业资源优势为商品优势，增加农业的有效积累和农民收入；有利于开发潜在资源，增加社会物资供应，活跃经济提高人民的物质生活水平。农产品营销连接了产销两地，使消费者能在适当的地方及时买到适合的农产品，也使产地农民得以将农产品转化为商品。农民将农产品销售后，可使生产出来的农产品变成商品，从而提升农产品的附加值，增加收入，有利于缩小城乡差距。市场营销的指导作用，可带动农民向生产适销对路的产品的方向发展，带动农业产业结构的调整，优化农业资源的配置，使其发挥最佳的作用，从而间接提高农民的收入。部分农民以营销农产品为职业，增加了非农收入，带动了运输、餐饮等行业的发展；拓宽了农村的就业门路，拓展了农民收入增长的渠道。全社会对"三农"问题的认识在逐步提高，农业、农村发展的环境在进一步改善，在这种形势下，做好农产品营销工作，有利于提高农业的科技含量，加快现代农业的发展，更好更快地建设社会主义新农村。

第四节　农产品营销环境

一、农产品营销的宏观环境

农产品营销宏观环境包括人口、经济、科技、政治、法律、自然环境等。宏观环境对企业的影响往往是通过间接的方式，而且企业对宏观环境的变化往往是难以施加任何影响的，它是不可控的因素，因而也被称为间接环境。

（一）人口环境

农产品营销是通过满足消费者需求来实现企业的经营目标，消费者的需求是一切市场营销活动的基础。在市场营销学中，市场是由那些具有购买愿望并具有购买能力的人构成的。人口的规模是决定需求潜量的关键因素之一，人口的分布、结构又决定了市场需求的特点和方向。

1. 人口总量

从市场营销的角度来看，人口增长意味着市场需求增加以及为农产品经营者提供了市场机遇。由人口增长带来的需求增长给全球带来了一定的市场潜力。

2. 人口分布

世界人口的分布对农产品营销也会造成较大的影响。从全球范围来看，发达国家的人口增长缓慢，人口趋于老龄化，但由于这些地区经济比较发达，人们的购买力较高，对农产品的质量要求高，对食品的营养保健功能的要求也有所增加。发展中国家的人口增长仍然没有得到有效控制。例如，在一些亚洲国家和非洲国家，人口增长仍然保持着一个较高的比率。然而，这些国家由于经济不发达导致购买力低下，同时购买需要又限制了这些地区市场实际购买力的实现，有些地区对农产品的需求甚至还停留在解决温饱阶段。

3. 人口结构

人口结构包括年龄结构、性别结构、职业结构、受教育程度结构等。不同年龄阶段、不同性别、不同职业的人对农产品的要求及其购买行为均有不同的特点。例如，老年人对农产品的要求是营养、清淡、实惠，而年轻人比较注重口感等。分析人口结构可以很好地把握消费结构和市场需求类型，以便更有效地确定目标市场。

（二）经济环境

影响农产品营销的经济环境因素是多层次的，可以是国际经济大环境，也可以是一国或一个地区的经济环境，它们以不同的方式在不同程度上对农产品营销产生影响。

1. 全球经济发展速度和水平

全球经济发展状况决定了世界农产品的需求状况。全球经济发展得好，便为一国或一个地区的农产品经营者提供了较好的经济基础和市场背景。如果全球经济萧条，农产品营销者就面临一个萎缩的农产品市场，这会导致农产品过剩和积压。

在经济全球化进程不断加快的今天，世界各国经济发展的相互依赖和相互影响程度日益升高。农业的国际化进程也日益加快，各国农业与世界农业的关联度明显升高。自乌拉圭回合《农业协定》达成后，世界贸易组织（WTO）成员按照《农业协定》的有关规定，降低农产品关税，取消非关税壁垒，促进各国农产品市场的开放。随着各国农产品市场的逐步开放，农产品市场竞争也逐步从国内竞争转向国际竞争。农业的国际化趋势要求农产品经营者不得不思考如何提升所经营农产品的国际竞争力。由于经济全球化使农业资源由国内配置逐步转向国内、国际双重配置，农产品国际竞争力的重要影响因素不再仅是价格因素，质量和服务等非价格竞争因素越来越成为竞争的焦点。

2. 国内经济发展状况

一国经济发展速度和水平决定了该国的市场购买力状况。农产品营销与居民人均收入水平、收入分配均等化程度等有密切的关系。

（1）人均收入水平

人均收入水平反映某一经济社会的平均收入状况，是衡量一个国家经济发展水平的重要指标，也是用来细分农产品市场、了解农产品需求变化趋势的重要工具。近年来，我国居民人均收入增长较快，购买力逐年提高，对农产品质量与安全的要求逐年提高，绿色食品消费市场具有巨大的潜力。

（2）收入分配均等化程度

人均收入虽然能反映购买力状况，但不能反映收入不平衡的现象。不同地区、不同职业的收入水平及其收入差距对农产品营销也有重要影响。如果收入分配水平过于悬殊，则财富会集中在少部分人手中，不利于大多数人消费需求的满足，因而不利于开拓农产品市场。

3. 经济体制

一个国家的经济体制为农产品营销设定了一个制度框架。在计划经济体制下，绝大多数农产品的购销都是通过政府统一调配，市场机制的作用有限，农产品营销受到很大的制约。市场经济体制下，农产品的分配主要由市场机制来调节。市场机制又取决于一个国家的收入分配体制，收入分配决定市场上的农产品配置，也就是决定经济学里"为谁生产"的问题。一个国家收入分配的特点，也就对特定目标市场的需求产生了较大的影响。

4. 消费结构与模式

经济发展水平不同，人们的消费结构和消费模式也不同。在收入水平较低的情况下，人们绝大多数收入都用来解决温饱问题，恩格尔系数（用于食品的消费支出占总支出的百分比）也比较高。随着社会的进步和居民收入水平的提高，消费者的消费模式、消费理念等在不断发生变化。随着居民收入的增加，恩格尔系数呈不断下降趋势。但是，随着收入水平的提升，消费者将更加关心食品安全和自身健康，农产品中的名、特、珍、稀、优品种以及无污染的绿色食品越来越受到消费者欢迎，安全、卫生、便捷、高效的农产品营销模式也日益受到消费者的青睐。

（三）自然环境

自然环境不仅对农产品生产环节产生较大影响，也对营销等其他环节产生影响。良好的自然环境是一种独特的不可替代资源，可以减少各种不必要的成本，提高农产品的价值。例如海南属于热带地区，冬无严寒，是天然的大温室，利用这一天然气候优势生产的反季节瓜菜等农产品，成本要比北方大棚生产的产品低得多，具有较强的市场竞争力。

全球自然环境不断恶化的现象越来越受到人们的普遍关注，人们也越来越关注农产品的产地环境。消费者对无公害农产品、绿色食品、有机食品等越来越青睐。受工业污染的农业生态环境会直接影响农产品质量，导致农产品有害物质含量超标，甚至因此失去市场价值。随着人们环保意识的增强，对农产品运输、消费等环节的环境保护和安全消费也越来越关注，绿色农产品网络营销也应运而生。

（四）技术环境

现代科学技术是社会生产力中最活跃的，并在某种程度上起决定性作用的因素，它作为重要的营销环境因素，不仅直接影响企业内部的生产和经营，同时还与其他环境因素相互依赖、相互作用，给企业营销活动带来无限机遇，但同时也给企业营销活动带来了挑战。企业的机遇在于，由于科学技术的发展，技术创新的机会增多，科技成果转化为产品的周期缩短，产品更新换代加快。企业可以在科学技术发展变化中，不断利用新技术，开发新产品，满足消费者新的需求。微电子技术和网络技术在企业管理和营销中的广泛应用，使企业提高了效率降低了成本。企业所面临的挑战在于，技术的更新速度不断加快，使企业现有的技术和产品迅速过时，企业研究与开发费用急剧增加，对企业的领导结构及人员素质提出更高的要求，技术贸易的比重增加，劳动密集型产业面临的压力增加等。如果企业不能及时跟上新技术的发展，企业就有被竞争对手甩在后面甚至被淘汰的可能。另外，技术的发展还可能改变消费者的消费习惯和购物习惯，企业有可能失去老顾客。

在农产品营销领域，以信息技术为标志的现代科学技术革命对农产品营销活动产生了广泛而深刻的影响。

从农产品开发方面来看，现代生物技术中的细胞工程、遗传育种、基因工程等的开创和发展，不仅促使农产品产量大幅度增加，农产品品质不断提高，还开发出自然界过去没有的农业生物新品种，如可以长时间保存的转基因番茄、每个花瓣都不同颜色的玫瑰等新产品。通过转基因技术可以生产出比原来的番茄品种小许多的水果番茄，还可以生产出皮脆如薄冰、口感清爽甘甜的小型西瓜。科学技术的日新月异及其在农业中的推广应用，为企业向市场提供安全、优质、多样化的农产品提供了科技支撑和物质保障。

从对农产品营销渠道的影响来看，随着"IT技术"的发展，特别是互联网技术的出现和广泛应用，农产品营销渠道正在发生深刻的变化。在发达国家，传统营销渠道正在逐渐丧失其主导地位，取而代之的是建立在"IT技术"基础上的网络营销。网络营销使农产品营销效率大大提高，节约了交易成本，扩展了营销渠道，方便了消费者。

从对农产品促销的影响来看，由于网络营销是"一对一"和"交互式"的双向沟通，顾客能直接参与农产品营销活动，与营销者进行商务洽谈和情感的沟通，有助于加强企业营销人员与顾客的沟通、及时把握市场机会等。而传统的利用媒体或其他促销工具的单向式促销行为，不但促销成本较高，而且促销效率也较低。

此外，食品科学技术的发展也正在创造新的行业、产品和市场，如冷冻浓缩果汁、无菌并可在常温下保存的果汁、熟食品（如北京烤鸭、海南的椰子鸡饭、文昌鸡）等。另外，一些生产传统食品替代品的企业，如生产脂肪、蛋类和糖类制品替代品的企业也已经出现。

建立在现代信息技术、栽培技术、机械技术、材料技术等基础上的设施农业的发展，使农业正逐渐摆脱大自然的束缚，改变农产品在时空上的分布，使农产品单位面积产量比在大田环境下的产量成倍甚至几十倍增长，成为农业持续发展的主要动力之一。

技术环境的变化，为农产品营销提供了商机的同时，也对传统农产品营销提出了挑战。

（五）政治法律环境

稳定的政治法律环境既为农产品营销提供了行动的框架，也为农产品营销提供了基本的制度保障。

1. 政治环境

政治环境是指企业市场营销活动的外部政治形势和状况。国内的政治形势以及政府的路线、方针、政策都将对农产品营销产生重要影响。就国际政治关系来说，良好的国际政治关系是国际市场营销的基本保障。当两个国家连正常的外交关系都断绝时，两国的商贸往来就比较困难了。

现在，我们面临的国际形势有了明显好转，国际政治关系也在逐步理顺，我国也开始从全球化角度来考虑我国农业资源的配置和农产品生产布局。

就国内政治形势来说，如果一个国家政治局势不稳定，或政策多变，势必给营销带来许多不稳定因素从而增加市场风险。

农业是国民经济的基础，大多数农产品都关系国计民生，也关系到农民这一特殊的政治群体的利益。因此，发达国家和发展中国家政府都应十分重视农业，也应该十分关心农产品的营销问题。农业也应是各国政府在政策上干预较多的一个产业，如美国、日本、欧盟各国等发达国家，都制定了一系列农业保护政策，对许多农产品的价格、销售等都有重大影响。但是，在大多数发展中国家，国民经济基础比较薄弱，还需要靠农业这一产业提供税收，因此不能像发达国家那样对本国的农业进行高度保护，从而导致这些国家的农产品成本相对较高，在国际市场上缺乏竞争力。

我国加入 WTO 后，农产品也面临着国际竞争的压力。为了提高农业竞争力，减轻农民负担，增加农民收入，我国逐步减免了农业特产税，进而逐步过渡到全面取消农业税。随着我国农业进入无税时代（也有人称为后农业税时代），农产品的市场竞争力也逐步增强，为我国农产品进入国际市场奠定了基础。但我国直至现在还没有专门划拨资金用于农产品营销，这方面的补贴仍是空白，今后还需加强。

2. 法律环境

农产品营销的法律环境主要是指国家和地方颁布的关于规范农产品营销活动或影响农产品营销活动的各项法规、法令、条例等。一方面，法律环境对市场消费需求的形成和实现具有一定的调节和约束作用，另一方面，又为企业提供了一定的法律保障。企业研究并熟悉法律环境，既可保证自身严格依法管理和经营，又可运用法律手段保障自身的权益。我国颁布实施的与农产品营销有关的法令主要有：《中华人民共和国环境保护法》《中华人民共和国消费者权益保护法》《中华人民共和国价格法》《中华人民共和国广告法》《中华人民共和国计量法》《中华人民共和国反不正当竞争法》等。

各个国家的社会制度不同、经济发展阶段和国情不同，法律制度也必然不同。在农产品领域，由于农产品关系到居民的生命健康和安全，因此，以食品安全为主的一系列法律法规对农产品国际、国内市场营销产生着越来越重要的影响。从事农产品国际市场营销的企业，必须对有关国家的法律制度和相关的国际法规、国际惯例和准则，进行学习研究并在实践中遵循。

（六）社会文化环境

社会文化的涵盖面非常广泛，包括知识、道德、信仰、艺术、法律、风俗、习惯等。一方面，社会文化通过影响人们的价值观、消费观念、消费行为、消费需求及流行趋势等深远地影响着人们的生活方式和行为模式。例如，中国的春节和西方的圣诞节是在两种不同文化背景下形成的不同风格的节日，它们在东西方各自都会形成一个消费高峰期，但它们的节日消费各具特色，也给营销者带来不同的商机。另一方面，营销者本身也深受文化的影响，表现出各自不同的经商习惯和风格。社会文化环境是影响农产品营销的重要外部环境。

1. 宗教信仰

每一种宗教都有各自的教规和戒律，它们影响、制约着宗教信徒的生活方式、价值观念、审美观念和行为准则。企业在从事农产品营销活动时，一方面，要充分了解目标市场中的宗教信徒的生活习俗和兴趣爱好，以发挥和创造市场机会。另一方面，要了解目标市场上的宗教禁忌对信徒消费行为的影响，减少营销风险。

2. 消费习俗

消费习俗是人类长期形成的消费方式。消费习俗作为社会文化环境的一部分，受科技水平、文明程度、民族、信仰、风俗等因素的影响，也受经济、政治因素的影响。因此，不同国家和地区的消费习俗差别很大。例如，春节是中国人民最重视的传统节日，人们相信在此时吃些传统饮食，能给自己和家人带来好运，但各地的春节习俗又各不相同。湖南人除夕会吃鸡、肉、鱼三样食品，鸡要求是公鸡，将其整只清炖，装盘时要让其头昂起；鱼是"余"的谐音，代表老百姓"年年有（鱼）余"的期望，鱼要选用白鲢，将其炖好后再在上面撒满红红的辣椒粉，象征年年有余、五谷丰登。上海人大年初一吃汤圆、年糕、蜂糕、米糕、云片糕等，寓言"年年高""步步登高"。因此，根据各地的习俗不同，某些农产品会在当地形成一个消费高峰。消费习俗是在一定的社会文化背景下长期形成的，具有相对的稳定性。企业应根据一个国家或地区消费习俗的特点，开展农产品营销活动，开拓农产品市场。当然，随着社会的发展，南北文化的交流加深，各种文化的相互渗透、融合趋势越来越明显。因此，农产品营销者也要顺应时代变革，对消费者的需求进行引导，注重改变某些落后的习俗。

3. 价值观

价值观是指一个人对周围的客观事物（包括人、事、物）的意义、重要性的总评价和总看法。对各种事物的看法和评价在心中形成的主次、轻重的排列顺序，就是价值观体系。价值观和价值观体系是决定人的行为的心理基础。不同的社会文化背景下，人们对事物的态度和看法有很大差异，即价值观有较大差异，这要求企业在网络促销方法上应有所不同。

4. 道德观念

道德观念对一个群体或地区的消费也会产生重要影响。例如，远古时期的人类都有食用野生动物的习惯，但随着人类社会的发展、人口的增长、环境的破坏、生态的失衡，许多野生动物濒临灭绝。因此，许多国家都建立了野生动物保护区，并规定了一些珍稀动物为保护动物，不得猎食。

目前，越来越多的国家在绿色消费理念方面达成共识，意识到过度依赖现代生产要素投入的常规农业对资源、食品卫生、人体健康造成的危害，越来越多的消费者树立了绿色消费的理念。因此，绿色产品生产、网络营销和消费，日益为人们所重视和欢迎。

二、农产品营销的微观环境

农产品营销微观环境，又称直接环境，是指那些与企业有着直接的协作、服务、竞争、监督等关系的各种因素的总和。包括企业内部因素、供应商、营销中介、顾客、竞争者、政府、大众传媒等因素，这些因素直接制约着企业为目标市场服务的能力，共同构成农产品企业营销微观环境的全部内容。

（一）企业内部因素

尽管企业营销活动贯穿于整个企业经营过程的始终，但为了更好地开展营销活动，企业应设立营销部门和聘用专门的营销人员来主要负责营销工作。营销部门的工作关乎整个企业的生存与发展，它不是孤立存在的，它还要面对其他职能部门以及高层管理部门。企业为实现其目标，必须进行研制与开发、采购、财务、市场营销等业务活动。一方面，企业的各个部门要密切协作，共同研究制订市场营销计划，另一方面，还要考虑最高管理层的意图，以最高管理层制定的企业业务目标、战略和政策等为依据，制订企业的年度和长期计划。

进入 21 世纪后，企业的组织结构越来越向网络化、扁平化方向发展，其根本原因就是为了使企业快速适应市场变化。传统的组织形式难以适应快速变化的市场环境，为了不被淘汰，就必须实行扁平化管理。扁平化管理使营销指挥进一步向一线前移，快速反馈市场信息，减少管理层，突出职能服务，提高运营效率，细分市场并高效开发市场，加快销售节奏，拓宽终端销售的空间。另外，现代信息技术的发展，特别是计算机管理信息系统的出现，使传统的管理幅度理论已经不能很好地适应现代企业管理的需要，金字塔状的组织形式被压缩成扁平状的组织形式。针对企业组织扁平化，农产品营销企业只有实施渠道扁平化，在终端与消费者进行直接的互动沟通，做好售前、售中、售后服务，才能更好地满足消费者的需求。

企业内部的组织结构、管理体制、企业文化等都是农产品营销最直接的影响因素。

（二）供应商

在菲利浦·科特勒（Philip Kotler）的《市场营销原理》中，供应商是指那些向企业提供生产产品和服务所需资源的企业或个人。根据这一定义，农产品企业的性质不同，供应商及其提供的资源也各不相同。对于农产品生产企业来说，它的供应商就是生产资料的供应者，所提供的资源就是各种农业生产资料，包括饲料、种子、化肥、农药、农机具等；对于农产品加工企业，供应商所提供的原材料就是初级农产品以及各种食品添加剂等；对于农产品销售企业，供应商所提供的是农产品本身。因此，供应商是一个相对的概念，是在产品供应链中，相对于某一个环节的产品的上游原材料或产品的供应者。

供应商的工作效率、提供原材料的及时性及安全性、所提供原材料质量等，都能对企业的经营活动产生巨大的影响。供应商提供资源的价格直接影响农产品企业的成本，其供货的质量和时间的稳定性直接影响农产品企业服务于市场的能力。

现代农产品绿色营销观念认为，农产品营销必须关注"从田间到餐桌"的每一个环节，必须保证每一个环节都是安全、放心、环保的，这样才能生产出使消费者真正放心、满意的农产品。因此，从农产品生产资料的供应商开始，就对农产品终端营销产生着重大影响。例如，农产品生产资料的价格会直接影响农产品的价格，农药的毒性会影响农产品的安全性，不同类型肥料的使用会影响农产品的品质和口感进而影响农产品的价值等。对于畜牧业而言，饲料的品质和价格也会对畜产品的品质和成本产生影响。

所以，企业应选择那些能保证质量、交货期准确和低价格的供应商，并且避免对某一家供货商过分依赖，不会因该供货商突然提价或限制供应而受损。企业与供应商应注意建立长期、稳定的合作伙伴关系和实行供应链分类管理，降低交易成本，从而共生共赢。

（三）营销中介

营销中介是指协助本企业把产品和服务销售给最终购买者的所有中介组织或个人，包括中间商、物流机构、营销服务机构等。营销中介组织在农产品及其加工品生产者与消费者之间搭起了一座"桥梁"，它对实现农产品顺利流通具有十分重要的意义。

1. 中间商

中间商是协助企业寻找顾客或直接与顾客进行交易的商业组织或个人。中间商分为两类：代理中间商和商人中间商。代理中间商指专门协助企业达成交易，推销产品，但不拥有商品所有权的中间商，如经纪人、代理人等。商人中间商指从事商品购销活动，并对所经营的商品拥有所有权的中间商，包括批发商、零售商。中间商是服务于生产者和消费者的"桥梁"，他们直接与消费者打交道，协调农产品生产者与消费者之间所存在的数量、地点、时间、品种及持有方式等矛盾。在当前供大于求的市场态势下，对于许多农产品生产厂商而言，选择好中间商并协调好双方关系是很重要的。

2. 物流机构

物流机构是帮助企业储存、运输产品的专业组织，包括仓储公司和运输公司。物流机构的作用在于使市场营销渠道中的物流畅通无阻，为企业创造时间和空间效益。追求效率、成本与效益的均衡，注重满足顾客对物流服务的需求，是农产品物流所希望达到的目标。由于大部分农产品具有鲜活性、易腐性等特点，因此要求农产品的物流时间尽量缩短。企业应充分考虑成本、运输速度、安全性和便利性等因素，以选择合适的物流方式。

物流在国民经济发展中具有举足轻重的地位。一个国家的农产品物流发达程度不仅关系到是否能够实现"货畅其流"，还关系到农产品成本的高低。发达的农产品物流可以降低生产成本和流通成本，使农产品在流通过程中增值，从而促进农业经营整体效益。同供应商一样，各种营销中介都是企业向消费者传递价值过程中不可缺少的支持力量，企业应视它们为伙伴，建立良好的合作关系，以便顺利地开展网络营销活动，争取业绩的最大化。

3. 营销服务机构

营销服务机构包括市场调研公司、广告公司、营销咨询公司等，它们提供的专业服务是现代企业农产品营销活动不可缺少的。尽管有些企业自己设有相关的部门或配备了专业人员，但大部分企业还是通过专业的营销服务机构来获取相关的服务和信息。

（四）目标顾客

目标顾客是企业产品购买者的总称。对于企业而言，顾客就是网络营销活动的目标市场，是企业的服务对象，是企业产品的直接购买者和使用者。顾客的需求始终是企业网络营销活动的起点和核心。农产品的购买者包括：消费者市场、生产者市场、社会集团市场、中间商市场、国际市场等。

第一，消费者市场，也就是最终消费者成个体消费者。我国人口基数大所以市场规模大，但是在农产品处于买方市场的今天，农产品企业能否在竞争中赢得顾客才是决定企业生存与发展的关键。随着生活水平的提高，人们对农产品的质量、口感、特色的要求越来越高，企业必须了解不同顾客群体需求的特点和变化趋势，不断改进旧产品、开发新产品，并切实维护顾客的基本权益，培养顾客积极的消费意识，营造一个良好、稳定的消费者环境。资料显示，绿色食品消费群体表现出如下特点：从受教育程度上看，受教育程度较高者占整个绿色食品消费群体的多数；从年龄结构上看，乐于追求时尚的青年人将是绿色食品消费的重要群体；从收入水平看，收入水平较高的消费者对绿色食品更为青睐。

第二，生产者市场，即农产品加工企业或组织。生产者市场是农产品消费大户，其顾客可以是批发、零售部门或个体消费者，也可以是工业企业、医药单位等。

第三，社会集团市场，包括各种社会团体市场，如政府、学校、部队等社会集体的采购市场，它们为农产品企业提供了另一类大宗顾客。

第四，中间商市场。这是为卖而买的组织。

第五，国际市场。随着经济全球化进程的推进，国际市场逐渐成为农产品市场重要的组成部分。

（五）竞争者

竞争是市场经济的必然现象。在市场经济条件下，除了极个别的垄断企业，任何企业都不可避免地会遇到竞争对手的挑战。农产品企业面临的竞争呈现如下特点。

第一，随着经济全球化进程加快，企业的竞争已经从国内竞争转向国际竞争。我国的农产品经营者不仅要面对国内同行业的竞争者，还要面对国外用现代科技武装起来的现代农业企业，挑战十分严峻。

第二，随着知识经济时代的到来，科技发展日新月异，企业的核心竞争力已经从资源优势、成本优势转向科技优势和人才优势，这要求企业不断进行产品创新、服务创新，以便比竞争对手更有效地满足目标顾客的需求，以差别化的产品来吸引顾客。为此，除了发现并迎合消费者的需求外，识别自己的竞争对手，时刻关注竞争对手，随时对其行为作出反应亦是成功的关键。企业必须时刻从顾客的角度出发，考虑顾客在制订购买决策过程中可能考虑的因素，通过有效的产品定位，取得竞争优势。

（六）公众

公众是指对本企业实现其营销目的的能力具有实际的或潜在的影响力的群体，这些群体包括政府、新闻媒介等。

1. 政府

政府除了定宏观的法律法规对农产品营销产生间接影响外，它也是农产品营销的直接管理者。作为管理者，政府对关于农产品营销的政策法规的控制程度、管理模式等对农产品营销活动有着重要的促进或制约作用。关心国计民生是政府的主要职责之一。农业作为国民经济的基础产业，关乎国计民生。农产品能否及时、高效、保质、安全地从生产者转移到消费者，不仅关系到农产品经营者的利益，还关系到一个国家公民的生活保障和生活质量。因此，世界上无论是发达国家还是发展中国家，无论是计划经济国家还是市场经济国家，其政府都对农产品营销进行宏观管理，以保障农产品营销的有序化、规范化。

纵观各国的有关农业政策，可以得出政府对农产品营销管理有如下主要目标。

第一，稳定农产品市场供给和市场价格，保证农产品供求平衡，为消费者提供农产品供给保障。

第二，稳定或维持生产者价格，保障农民收入。

第三，稳定或降低消费者的产品价格，保护消费者的利益。

第四，协调个人、企业和社会之间的利益关系，协调经济目标、社会目标、环境目标和生态目标之间的关系，这些目标相互联系、相互制约，政府要协调各目标之间的矛盾，以实现目标整体的优化，从而保证社会经济的稳定和可持续发展。

2. 新闻媒介

新闻媒介包括报纸、杂志、广播、电视、网络等，新闻媒介在今天的社会中具有越来越重要的地位和作用。随着电视、网络等媒体的迅速发展，新闻媒介传递信息的速度越来越快，影响力越来越大。有些媒体还具有较高的社会威望，对政治、经济、社会、文化等均有巨大的影响力。一个企业、一个人物、一个事件、一个产品，一旦被新闻媒介传播，会立即成为公众议论的中心，成为具有公众影响力的话题，进而也就自然地获得较高的社会知名度。根据媒介传播中的定性不同，被传播的组织、人物或事件被赋予更高的社会地位，带来各种有利的影响，或者带来许多负面影响。

在农产品营销过程中，要想使产品获得较高知名度，普遍被消费者所认可，离不开大众媒介的支持。反之，企业如有失误，一经媒介的披露则会带来不可估量的负面影响，严重的还会危及企业的生存。因此，利用好新闻媒介、处理好与新闻媒介的关系对农产品营销具有十分重要的作用。

第二章　网络背景下农产品市场研究

本章为网络背景下农产品市场研究，主要从三个方面展开详细介绍，分别是网络背景下的农产品市场营销困境、网络背景下农产品消费行为分析、网络背景下农产品市场定位。

第一节　网络背景下的农产品市场营销困境

在互联网背景下，网络营销可以在不同方面促进营销效果的增强，还可以提高效率与精准性、提高用户的主导地位、打破时空的限制、实现线上与线下的融合。针对在当前农产品网络营销中遇到的问题，应采取恰当措施助力农产品网络营销的发展。在农产品的销售过程中遇到不易"卖出去"的问题，很重要的一个原因是农产品市场营销会受到传统线下营销方式的制约，不但会导致营销成本增加，还使得营销效果让人不满意。不过自进入互联网时代以来，对有关实践要点进行研究是非常有意义的，农产品网络营销是以互联网平台为支撑和基础的营销方式，可以最大限度地展现信息技术优势，同时可以改善营销效果。

"农产品的营销是整个农业生产的最关键的一步，是农产品完成从商品到货币的飞跃的决定性一环。"[1] 在网络环境下，农产品市场营销呈现出多种新的特征，包括它能够提高相应的营销时效和降低营销成本；它可以利用电商平台、互联网等突破时空的制约；它不需要借助复杂的营销链条就能够完成相应的营销工作，同时，可以保证消费者与农民在任意时空获取与传递相关信息。这些特征能够为新时代环境下乡村振兴战略的实施与农业的发展提供保障，也能够作为农产

---

①王朗玲，乔冠华．合理经营论——农业经营经济分析 [M].哈尔滨：黑龙江科学技术出版社，1992：139.

品市场营销效果提高的重要保障。农产品网络营销无边际成本，彻底实现了用户主导，代表着用户具有了选择权。在以用户为中心、重视个性化服务的"互联网+"农产品网络营销过程中，农产品市场营销具有很好的平台，营销效果也会获得显著提升。在网络环境下，农产品市场营销主要是通过线上线下相融合的方式进行，在信息传递与扩散方面，相较于传统线下营销方式这种融合营销方式具有显著优势，同时可以节约许多线下运营成本和租金等。目前，作为提高营销效果、调控营销成本的主要方式，平衡线上与线下营销可以很好地实现新型与传统营销方式的融合。网络环境下的农产品网络营销不仅可以利用互联网平台实现营销信息的快速、大范围传播，还能够确保营销工作的高效性与准确性，同时在控制营销成本的过程中切实保障营销效果。在大数据技术、电商平台等的保障下，以"互联网+"为基础的农产品网络营销可以实现精准化营销，并且营销效果得到了显著提高。但是，网络环境下的农产品网络营销存在以下四个方面的问题。

第一，农产品网络营销方式不健全。现阶段农产品网络营销方式还存在不足，农产品市场营销活动主要借助电商平台来开展，营销效果有待进一步提高。一方面，电商平台可以为农产品市场营销提供的资源不多，导致很多消费者无法利用平台有效获得农产品的有关信息；另一方面，农产品网络营销方式相对单一，对农产品目录营销与电商平台营销等方式的依赖性强，多样性不足，无法提高相应的营销效率与营销覆盖范围。

第二，营销人才短缺。现阶段农村地区的人员无法完成网络营销的相关工作，因为他们对电子商务、现代化营销、互联网等缺少认知。同时，在农村地区，基层营销队伍的总体素质不高，无法很好地支撑农产品网络营销工作的开展，因为对绝大多数素质较高的专业人才来说这些地区吸引力不足，较少有专业人才来这些地区发展。在营销人才不足的条件下，农产品网络营销通常无法获得很好的效果，且无法为农产品的销售提供有力保障并展现相关优势。

第三，营销精准度有待提高。在网络环境下，个性化营销与精准化营销被视作农产品网络营销的一个显著优势，在成功控制营销成本的同时确保营销实效，最大限度地满足消费者需求，增强农产品对消费者的吸引力。不过，现阶段农产品网络营销的精准度不高，主要是对大数据技术等先进技术的应用不到位、对农产品电商平台的宣传与打造不到位、对消费者个性化需求的关注度不高等原因导致的，还应尽快运用恰当方式进行改善。

第四，农产品品牌意识不足。农产品网络营销需要主动建立优秀的农产品品牌，由此展现品牌效应的价值，只有这样才能从长远角度获得成效和持续发展。不过现阶段很多农村地区在探索农产品网络营销途径的过程中，品牌意识普通不足，因为品牌的建立并没有在农产品优势与特色的基础上进行，所以不易提高影响力与持续吸引消费者。

第二节　网络背景下农产品消费行为分析

只有熟悉与认识消费者的需求并从农产品消费者市场着手，才能够让消费者的需求获得满足，即满足农产品经营的目标。研究消费者行为被视作农产品经营者制定营销决策的主要依据。要想提前了解顾客可能发生的消费行为，抓住市场机遇，将潜在需求转变成现实需求，由此提高销售量与增加利润，就必须了解消费者的购买理由，且探索他们的购买规律。

随着市场竞争的加剧，农产品的经营者越来越清楚，要想战胜竞争对手，首先必须赢得消费者。消费者为什么购买这个产品，为什么拒绝那个产品，在什么时候购买，对信息获取有什么样的要求，等等。要回答这些问题，就需要对消费者有所了解。对消费者的了解，不仅可以帮助营销人员影响消费者对产品的购买决策，还可以帮助企业生产出令消费者满意的产品。现在，所有的企业都认可这样一个观点，那就是"消费者是上帝"。从本质上说，消费者行为分析有助于企业懂得如何取悦"上帝"并直接影响经营者的收入。所以成功的经营者在制订营销计划时，首先考虑消费者的影响因素，而不是试图将消费者置于市场营销的影响因素之下。

一、消费者行为与市场营销

只有拥有大量的消费者行为知识储备，才能够制订出成功的营销策略。在营销者看来消费者行为具有至关重要的意义。消费者行为知识主要适用于如下范畴：市场细分、产品定位、市场调研和营销组合的制订。

市场细分指的是以消费者的购买习惯与行为、不同的需求与欲望为基础，将整个市场划分为相同或不同的小市场群，也就是同质市场和异质市场。同质市场是指消费者对产品的需求大致相同、需求差异极小的市场。市场细分之后，同一市场群内部的消费者需求差异较小，而不同市场群之间的消费者需求差异较大，这种需求差异较大的不同市场群就称为异质市场。显然，如果不同消费者之间不存在需求的差异，那么市场细分就没有意义。市场可以按照人口统计变量、地理变量、心理变量和行为变量等来进行细分。细分市场的目的是发现新的市场需求，我们能够有能力去满足这些需求，同时能比竞争者更好地抓住这一市场机会，进一步在细分市场中挑选目标市场，为让目标市场的差异需求得到更好满足，应以目标市场的消费群体与相应特征为依据，制订相关的营销策略。消费者行为研究在市场细分和目标市场营销决策的制订的过程中是不可或缺的环节。

作为战略营销的一项基本决策，产品定位的目标指的是在消费者心中建立与竞争者不一样的产品形象，由此来提高消费者的购买意愿。产品定位首先应以明确目标市场为前提，分辨出目标市场中重要的产品属性（重要属性），然后制作定位图，在图中标出主要竞争对手的位置，最后分析经营者个人的资源情况，判断产品所应占据的市场份额。所以，应对产品进行科学定位，精准识别目标消费者所注重的产品属性将是一个核心步骤。

市场调研，消费者行为研究者为市场调查人员提供了多种方法和手段。这些方法和手段可以用来解决很多问题。例如，消费者的态度、消费者满意度、个性及心理特征、对产品及相关信息的注意和记忆等。

营销组合的制订包括对相关产品开发与促销、定价与分销行为的协调和制订。营销组合的制订会受到消费者行为的事实、原理与概念的直接影响。

第一，进行新产品开发时，无论是对创新构思、构思的挑选过滤、产品概念的完善与发展，还是实体产品的设计、开发与商业化的可行性分析，往往都需要消费者行为的研究。例如，分析消费者的态度、消费者生活方式的改变、环境因素、文化和亚文化等影响因素，可以帮助营销者产生新的产品创意。

第二，在不同的目标市场中，消费者对价格敏感程度如何，价格调整对购买行为是否会有影响、有何影响，对于待定的价格调整或价格水平消费者会作何理解、对品牌形象将有何影响等，都需要经营者在决定价格前进行研究和解决。

第三，消费者行为知识还可应用于营销组合的分销决策中。了解消费者的渠道偏好，消费者在何处购买，消费者如何根据分销渠道评价产品以及新的分销渠道是否会因改变了消费者购买行为和习惯而遭到消费者的抵制等，都是企业在进行分销渠道选择所需要考虑的，而这些信息和知识也都需要通过消费者行为研究来获得。

第四，企业在制订促销策略时，需要应用消费者行为有关知识，分析哪些促销手段可以影响消费者购买和使用自己的产品，对于特定的产品、特定的促销目的，哪种促销手段和广告最有效，目标市场消费者从哪些来源获取有关产品的信息，对不同来源信息的信任度如何等。

二、网络背景下农产品消费者需求

伴随经济的发展与人们收入的增加，一方面，多数产品受买方市场的出现和市场供求状况改善的影响，经营者间竞争的重点集中到了对消费者的争夺。另一方面，在我国，大部分消费者的消费需求越来越多样化，既要符合生理的、物质生活的需求，又要获得心理、精神文化生活等方面的满足；既要消耗各类品质优良、数量充足的商品，又要享受周到完善的服务。谁的商品与服务可以获得更多消费者的喜爱，谁就可以在竞争过程中处于优势地位，就能获得相对较大的市场份额；相反，失去消费者，就会失去竞争力，会面临生存困难。

（一）农产品消费者需求的基本特征

为满足生活所需而购买农产品的所有家庭与个人，共同构成了农产品消费者市场。农产品消费者市场指的是农产品的最终市场，农产品最终都会流入消费者市场，也就是最终市场，农产品的经营者不管是不是直接为消费者服务，均要对农产品消费市场进行研究。其余市场，包括转卖者市场、生产者市场等，最终服务对象仍是消费者，依旧需要以最终消费者的偏好与需要为导向。所以农产品市场均要以农产品消费市场为基础。倘若农产品生产经营者没有掌握消费者市场的情况，盲目发展，势必导致营销失败。

农产品消费者需求，是指消费者对农产品有支付能力的愿望和要求。在营销学中，市场就是需求，是指一定时间和一定价格下，消费者对某种商品或服务愿意且能够购买的数量。消费者需求是市场运行的前提，它不仅决定着消费者权益的实现程度，还决定着经营者营销目标的实现方式和营销决策与营销方案的现实可行性。农产品消费者需求不同于其他产品的市场需求，有其特殊的要求与规律性。

1. 普遍性和大量性

农产品是消费者的基本生活用品，生活中的每一个人都不可避免地产生对农产品的消费行为和购买行为，特别是粮食、蔬菜等，更是日常生活所不能缺少的。只要有人存在的地方，就有对农产品的需求。

2. 分散性

消费者的购买单位指的是家庭或个人，通常来说，家庭人口不多，农产品需求量较少；家庭的农产品储存地点小、设备少，购买大量农产品会存在不易存放的问题；现代市场农产品购买便利，供应量足，没有购买时间的限制，不需要大量存储，使得消费者每次购买的数量不多，购买频繁。

3. 稳定性和连续性

农产品作为人们的生活必需品，需求弹性较小，受价格波动和收入增减的影响有限，所以农产品消费者需求是有稳定性。满足人们吃、穿等基本生活需要的农产品，人们每天都离不开，并且常常会形成一定的消费习惯所以农产品消费者需求有很强的连续性。

4. 多样性

我国地域辽阔，人口众多，社会文化背景各异，产生了各式各样的需求、欲望、偏爱和习惯。有偏重价格、数量、品种，要求物美价廉的；有偏重营养的；有偏重口味、外观好看的；等等，因而形成了农产品消费需求的多样性。

5. 可变性

随着经济的不断发展、人均收入水平的不断提高，农产品需求结构也在发生变化。食物支出在消费支出中所占比重降低，收入提高衍生出作为精神需求的景观农产品市场需求。从具体的农产品品种来看，满足消费者相同需求的品种有很多，彼此可以相互替代。随着人们收入水平的提高，对口味、品质等方面优质的农产品的需求将会大量增加，而劣质农产品的需求将会减少，表现出农产品需求的可变性。

6. 可诱导性

农产品替代品较多，且购买一般属于非专家购买，消费者在购买农产品时，往往会掺杂情感，冲动性较强，在经营者的宣传、介绍和帮助下容易产生购买欲望，或在经营者的促销活动中改变主意，产生购买行为。

7. 季节性

季节性对农产品消费的影响主要是指季节性生产导致的消费，如对在春季和夏季集中生产的蔬菜进行的集中消费。

8. 地区性

在购买特点、生活习惯、产品需求和收入水平方面，在不同地区的消费者的消费行为具有很大的不同。城市工商业发达，居民收入较高，对农产品的消费需求也教大，尤其是一些大中城市和沿海发达城市的农产品消费量较大。在我国，城乡消费差异非常突出，城乡居民的收入水平、营养保健意识和购买方便程度等方面的不同，导致农产品消费有明显的差异。例如，南方人和北方人的饮食差异在饮酒方面体现得最为突出，北方人喜欢辛辣的白酒，而南方人则偏好甜而醇香的黄酒，由于地域差异形成的不同消费偏好使得国内酒类市场长期以来一直保持着"南黄北白"的消费格局。

（二）网络背景下农产品消费者的多维需求

1. 对农产品基本功能的需求

农产品的基本功能是指农产品的有用性，即农产品能满足人们某种需要的物质属性。基本功能或有用性是农产品被生产和销售的基本条件，也是消费者需求的基本内容，如鲜奶制品有补充营养、增强免疫力等功能。

网络背景下消费者对农产品基本功能的需求具有如下特点。

①农产品基本功能与消费者使用要求相一致。

②农产品基本功能与消费条件相一致。

③消费者对农产品基本功能要求的基本标准呈不断提高趋势。

2. 对农产品质量的需求

在网络环境中消费者对农产品的质量要求也不是绝对的，一方面，消费者期待产品的质量与价格相匹配，希望价格越高能买到产品的质量也越高，另一方面，通常会依据产品的实用性来确定对质量的评价与要求。

3. 对农产品安全性能的需求

网络背景下消费者要求农产品安全可靠，不危害身体健康，这被视作人们追求安全的基本要求在农产品消费需求中的体现。具体包括以下 3 点。

①不会危害身体健康且满足卫生标准是人们对农产品的要求，如食品需要满足国家颁布的《中华人民共和国食品安全法》《中华人民共和国农产品质量安全法》等法规的要求，在保质期内食用与销售的产品，不应添加危害人体健康的成分，如添加剂。

②农产品的安全指标应满足规定标准的要求。

③农产品要具有保健功能，有利于身体健康。

伴随网络经济的发展，消费者越来越重视个人健康与食品安全，也越来越青睐通过便捷、安全、高效、卫生的农产品销售与购买方式，购买无污染的绿色食品与名、珍、稀、特等食品。

4. 对农产品消费便利的需求

在购买与使用农产品时，消费者对便利程度的需求反映了他们对农产品消费便利的需求。在网络环境下，消费者在购买物品时都希望能在最近的距离，用最简单的方式，花最少的时间购买到所需要的物品，当同一类型的农产品在价格、质量方面差异不大的情况下，消费者最先会挑选那些购买更方便的产品。近些年，网络购物伴随电子商务与网络技术的发展逐渐赢得了越来越多的消费者的偏爱，因为相较于传统购物方式，这种购物方式具有很多显著的优势，包括更加快捷、便利、送货上门等。

5. 对农产品审美功能的需求

人们对美好事物的期待与追寻在生活的方方面面均有体现，这是人类的天性。消费者对农产品在包装、造型、整体风格、工艺设计等方面的审美价值的需求，代表了他们对农产品审美功能的需求。在审美需求的推动下，消费者既注重农产品的内在质量，又重视农产品的审美价值；既要求农产品实用，又要求这些产品具有相对较高的审美价值。

随着互联网的发展，人们的消费观念不断改变，人们对水果与蔬菜的要求不断升高：既要求美味可口，又要求美观。例如，部分拥有观赏价值的水果与蔬菜，包括迷你黄瓜、不同颜色的彩椒、观赏蛇瓜等越来越受消费者的青睐，因为它们能够在保健、食用、观赏等方面满足人们的需求，所以极具市场发展潜力。

6.对享受良好服务的需求

消费者对农产品有不同方面的需求，同时还希望在购买与使用农产品时享受到优质、全面的服务。优质的服务能够让消费者在个人价值、得到尊重等方面获得心理满足。现代生产水平已经可以充分满足人们在农产品质量、品种、数量方面的需求，消费者能够在互联网上买到各类自己所需的产品，同时不受时间与空间的限制，所以服务在消费需求中的地位得到快速提高。消费者在购买与使用产品时对获得优质服务的需求也不断提高。在现代消费中，产品与服务已发展成了无法分割的整体。消费者购买某一产品时，既购买了这一产品，又购买了与此产品相关的服务，包括售前、售中和售后服务。从某一层面来说，服务质量已成为消费者挑选农产品的主要依据。

三、网络背景下农产品消费者购买行为

（一）消费者购买行为

不同的学者为消费者行为总结了不同的定义，消费者行为在刚出现时通常被称作消费者的购买行为，以购买过程中消费者与生产者的彼此影响为重点。但现在消费者行为指的不只是发生于消费者支付现金获得服务或产品的那一瞬间，而是一个持续发展的过程。

消费者购买行为指的是消费者寻找、购买、使用和评价用来满足需求的劳务和商品时所进行的个体活动。为明确要购买什么品牌的产品或什么类型的产品，人们应在购买前做好产品信息收集工作；在购买过程中，商店产品的摆放位置，购买时间的长短等要素均会影响消费者的决定；消费者购买产品且试用过产品后，对产品的满意度与复购意愿会影响其他消费者的购买行为。研究农产品的消费者行为就是研究消费者如何作出决定，如何把他们可用的资源花费在与消费农产品有关的事情上，如研究"谁买""买什么""为什么要买""怎么买""什么时

候买""在什么地方买"以及"是否经常买"等问题,并进一步考察消费者买过产品之后的感受和行为。

根据库尔特·卢因（Kurt Lewin）的行为模式理论及其他学者对农产品消费者行为的定义,农产品消费者购买行为是一个复杂的过程,其行为表现受很多变量的相互作用与影响。如图 2-1 所示,中间部分为消费者从问题认知到购买后反应的决策过程,外圈和内圈表明影响决策过程的两大因素,即个体因素和环境因素。一方面,购买者的购买行为会受如动机、个性、感知等个体因素的影响;另一方面,消费者还要受如相关群体、文化、家庭等环境因素的影响。个体因素会对消费者造成直接影响,而环境因素要借助个体因素对消费者起作用,所以是一种间接的影响。

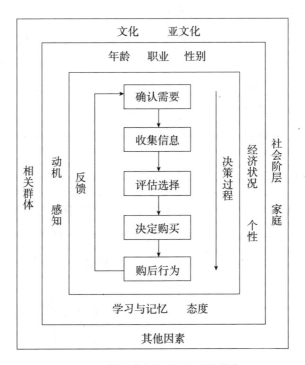

图 2-1　影响消费者购买行为的因素

在内圈的个体因素中,动机是个体行为的驱动力,表示个体活动的动力和导向,需要是个体对自身缺乏状态的反应,个体的动机总是指向需要的满足。

消费者对产品信息的获取、对品牌名的知晓都属于学习与记忆的范畴,了解消费者如何获取这些信息、这些信息又是如何在消费者记忆中保持的非常重要。

经营者希望他们的沟通信息能被消费者牢牢记住，并且能及时地回忆。因此，消费者的学习和记忆主要表现在习得与记住产品的名称和特性，以及学会判断产品的标准、具备解决问题的能力、行为模式（对品牌的忠诚度）和鉴赏力等方面。

态度表明个体以特定方式表现出来的对待活动的倾向性。由于态度和行为之间的一致性，可以认为消费者对产品的态度会影响其购买行为，因此态度对行为具有一定的预测性。

外圈的环境因素包括文化、亚文化、社会阶层、相关群体、家庭以及其他因素。文化因素实际上是一个综合体，它包括知识、信念、艺术、道德、风俗和作为社会成员所习得的任何其他的能力和习惯。文化本身给消费者提供了许多价值观、信念和行为的基础。虽然在选择一个具体的品牌时，文化可能不是一个主要的决定要素，但是它对该产品在社会上能否被接受却起着重要的作用。亚文化概念指在大的文化背景下，由特定群体所共有的独特价值观、信仰、行为方式和生活习惯形成的次文化。它反映的是特定群体内部的共同价值观和习俗。它跟相同文化中的其他亚文化有可辨别的和独特的价值观、风俗、传统和其他行为方式。依据年龄、民族、性别等维度很容易区分出不同的亚文化群体。文化与亚文化对消费者购买行为的影响应该是最广泛和最深刻的，比其他任何外部因素影响都久远。

社会阶层反映了人们所处的不同社会经济地位。由于每个社会阶层的成员都有一套独特的行为模式，处于相同社会阶层的消费者会有相似的价值观，因此消费者行为也会比较相似。而不同社会阶层的消费者由于信念、价值观的差异，其在某些产品的选择或品牌的选择方面有较大的差异性，社会阶层这一概念对营销者具有重大的意义。

相关群体在个体购买或者消费决策中起参照框架的作用，它的一个重要功能是制约群体中成员的行为，能比较有效地说服和指导个体的行为选择。家庭是社会的基本单位，通常能提供产品显示和使用的机会，并且塑造家庭成员消费的价值观。至于其他因素，既包括通货膨胀、失业等大环境，也包括市场环境，富有吸引力的产品、广告、展销会和商店本身的环境。

农产品作为满足消费者吃、穿、用等基本生活需要的物质资料，其消费者购买行为受到文化因素、社会因素、个人因素和心理因素的影响。我国有丰富多彩的饮食文化，农产品消费中所体现的历史文化传统、社会阶层与个性心理更为明显，而且拥有的地方名品，如北京烤鸭、金华火腿等不胜枚举。因此，随着市场经济的不断发展，我国的社会结构和文化特征不断地变迁与发展，农产品消费者购买行为也将呈现出许多新的特点和发展趋势。

（二）农产品消费者购买行为

农产品消费者购买行为是指消费者购买农产品的一系列活动及相关的决策过程。不同的消费者由于购买需求、动机和个性特点的不同，在购买过程中的行为表现是不同的。研究消费者购买行为，关键是搞清楚消费者在下列问题上的决策：谁参与购买活动、买什么、为什么购买、什么时间购买、在什么地方购买、准备购买多少、如何购买。农产品消费者购买行为虽然没有固定的模式，但购买行为的构成内容是基本一致的。

第一，谁参与购买活动。了解消费者是农产品经营者的首要任务，必须明确知道谁是主要消费者，他们有什么特性，以便采取有针对性的营销策略。由于农产品消费通常是以家庭为单位进行的，因此购买决策也多由家庭中的某一个或几个成员所决定。一般情况下，在一个家庭的购买活动中，其成员由于分属不同的角色和起不同的作用，可分为以下五类。

①发起者，即指首先提出购买某农产品的人。

②影响者，即其看法或建议对最终决策具有一定影响的人。

③决策者，即对是否买、为何买、如何买、会哪里买等方面的购买决策作出最后决定的人。

④购买者，即实际从事购买行为的人。

⑤使用者，即消费或使用该农产品的人。

当然，并非每项购买都会出现这五种角色。在简单、例行的购买行为中，可能购买者自己决定、购买，不会涉及他人。由于家庭状况与家庭生命周期不同，这五种角色的承担者各有不同。研究购买角色，有利于农产品经营者在产品设计、宣传、服务等方面各有针对性，争取更多的顾客。例如，某品牌的全脂奶粉产品广告是以父母（决策者）为主要诉求对象，而促销活动广告则是以儿童（使用者）为主要诉求对象，如此一来，有利于使整个家庭都赞同购买此产品。

第二，买什么。在购买产品时，消费者一般都是从几个品牌中选择出适合自己的品牌。在选择的过程中，一定会涉及价值判断与比较，这些消费者用来判定品牌优劣的评估标准正是农产品经营者不能放过的信息。此外，在了解消费者购买何种品牌时，还必须追踪其上一次购买的是什么品牌，下一次可能购买什么品牌，以了解消费者的品牌忠诚度。若品牌忠诚度高，则表示该品牌的市场基础相对稳固，竞争者在争夺市场时会倍感辛苦。

第三，为什么购买，指的是购买农产品的动机或原因。消费者购买动机是驱使消费者产生购买行为的内在原因。消费者为什么购买某特定农产品，为什么买A而不买B，这是需要农产品经营者或营销人员关注的问题。了解消费者购买动机不仅可以帮助经营者对自己的产品进行清晰定位，还可以帮助经营者开展有效的营销活动。例如，国外的一家超市为了销售奶酪，该超市的经理承诺，顾客可任意割下一块奶酪，并让顾客估计所割下的奶酪的重量，然后在磅秤上称重，如果称出的重量与顾客估计的重量差值小于50g，则此块奶酪赠送，如果大于50g，则顾客需购买此块奶酪，结果店里的半吨奶酪很快销售一空，而真正获得赠送的顾客只有几位。这就是利用了人们的好奇与侥幸心理。

第四，什么时间购买。消费者购买农产品有一定的时间规律。例如，一天中总是在某个时段购买者较多，消费者一周中星期六、星期日购买农产品较多，一年中节假日购买农产品较多等。

第五，在什么地方购买，即消费者购买农产品的地点。农产品消费者可能在集贸市场购买，可能在大型超市购买，也可能在专门的农产品批零市场购买。有些消费者选择离居住地较近的市场，有些选择离工作地点较近的市场。分析消费者在何处购买的目的就是要使农产品销售网点的布局尽可能适应消费者的需要，方便消费者购买。

第六，准备购买多少，即消费者在购买农产品时的购买频率和购买数量。了解购买频率与购买量，可以估计或预测市场总量，并以此作为细分市场的依据，也可当作促销时间长短与所用方式的参考。

第七，如何购买，即购买方式。它会影响到农产品设计、价格政策以及其他经营决策。例如，某些消费者特别重视价格，愿意购买较便宜的农产品而不重视其品牌，而有些消费者宁愿高价购买也不降低对品牌的忠诚度；有的消费者喜欢就近购买，而有的消费者愿意去专门的农产品批零市场购买。

（三）网络背景下农产品消费者群体的特征

1. 头脑冷静且擅长理性分析

网络信息的丰富性为农产品消费者充分了解产品和品牌信息提供了方便，消费者可以方便地利用网络进行理性分析和判断。而且在网络购物过程中，消费者不会受到销售人员的影响，可以冷静地作出购买决策。另外，目前网络用户多为城市和具有一定学历的人群，对信息具有较强的甄别、分析和判断能力，不会轻易受产品宣传的影响，因此企业应该加强信息的组织和管理，加强企业自身文化建设，以诚信待人。

2. 喜好新鲜事物且有强烈的求知欲

网络信息的丰富性也为农产品消费者提供了各种新奇、具有特色的信息，这些信息又进一步激发了农产品消费者的好奇心和求知欲，农产品消费者爱好广泛，无论是对新闻、股市、网络娱乐、产品或品牌信息都具有浓厚的兴趣，对未知的领域报以永不疲倦的好奇心。因此，企业应主动给农产品消费者提供具有知识性、趣味性或娱乐性的信息，吸引农产品消费者注意力。

3. 好胜但缺乏耐心

利用网络购买农产品的消费者以年轻人为主，他们比较缺乏耐心。当他们搜索信息时，比较注重搜索所花费的时间，如果连接、传输的速度比较慢的话，一般会马上离开。因此企业应仔细分析这部分消费者的特点，在网页、App、网店或微店等的设计中采取相应措施，同时策划针对这部分消费者好胜心理的营销活动，以吸引和留住消费者。

（四）网络背景下影响农产品消费者购买行为的因素

1. 促进因素

（1）农产品质量

农产品的质量是消费者最为在意的一个因素。在网络背景下，消费者不能直接观察和评估农产品的质量，但仍然会对农产品的新鲜度、口感、营养价值等方面进行评价。因此，提高农产品的质量是促使消费者购买的关键。

（2）农产品品牌

在网络背景下，农产品品牌是消费者信任和认可的重要因素。品牌可以传递出农产品的质量、安全、信誉等信息，从而影响消费者的购买意愿。因此，农产品企业需要注重品牌建设，提高品牌知名度和美誉度。

（3）农产品信息

在网络背景下，农产品信息是消费者了解产品的重要途径。农产品信息包括产地、生产时间、保质期、规格、品种等，这些信息会影响消费者对农产品的认知和评价。因此，提供全面、准确的农产品信息是提高消费者购买意愿的重要手段。

（4）促销特性

在网络背景下，促销活动是提升消费者购买意愿的重要手段。促销方式包括价格优惠、赠品、满减等，这些促销方式能够降低消费者的购买成本，提高消费者的购买意愿。因此，合理运用促销手段是提高消费者购买意愿的有效策略。

（5）消费者态度

在网络背景下，消费者态度是影响购买意愿的重要因素之一。消费者对农产品的认知、情感、价值观等方面的态度会影响其对农产品的购买意愿。因此，改变或强化消费者对农产品的态度是提高购买意愿的重要手段。

2. 限制因素

（1）便捷性和安全性不足

尽管人们收入水平的提高为农产品企业提供了更大的市场空间，但是网络消费的便捷性和安全性的不足，使得部分消费者仍然倾向于传统的购物方式。因此，提高网络消费的便捷性和安全性是促进农产品企业发展的重要举措。

（2）缺乏信任感

由于网络购物的虚拟性，部分消费者对线上购买的生鲜农产品存在疑虑和缺乏信任感。此外，部分电商平台存在虚假宣传、售假等问题，进一步降低了消费者的信任度。因此，农产品电商需要通过加强监管、提高产品质量和建立追溯体系等方式来增强消费者的信任感。

（3）缺乏专业知识和技能

部分消费者可能缺乏对生鲜农产品的专业知识和技能，无法准确判断产品的质量、品种等关键信息。这可能导致消费者在购买生鲜农产品时产生疑虑和不安，从而降低购买意愿。因此，农产品企业需要提供专业的选购建议和指导，帮助消费者更好地了解和选择产品。

（4）物流配送问题

农产品具有易腐、易损等特点，对物流配送的要求较高。然而，当前生鲜农产品企业在物流配送方面存在一些问题，如配送时间过长、配送过程中的温度和湿度控制不当等，可能导致产品质量受损。因此，农产品企业需要加强物流配送体系建设和管理，确保产品在运输过程中保持新鲜和质量稳定。

本节从促进因素和限制因素两个方面分析了网络背景下农产品消费者购买意愿的影响因素。促进因素主要包括农产品质量、品牌、信息、促销特性和消费者态度等，这些因素与消费者感知的农产品价值以及购买行为呈正相关。限制因素主要包括便捷性和安全性不足、缺乏信任感、缺乏专业知识和技能以及物流配送问题等，这些问题可能降低消费者的购买意愿。在未来的研究中，可以进一步探讨这些因素之间的相互作用关系以及对消费者购买意愿的影响程度，为农产品企业的发展提供更加精确的指导。

第三节　网络背景下农产品市场定位

农产品市场定位指的是农产品经营者根据竞争者现有产品在市场上所处的位置，针对消费者对该产品某种特征或属性的重视程度，塑造本企业产品鲜明的个性或形象，并将这种个性或形象传递给消费者，从而确定该产品在市场中的位置的过程，这一过程应以竞争者已经营的产品在细分市场中的地位和了解哪些产品要素对消费者更有吸引力为前提。像成分、形状等产品的独特性或特征能够通过产品实体表现出来；也能够从消费者时尚、豪华、典雅等消费心理体现出来；同时能够反映出质量、价格水平等。

使用最多的农产品市场定位方法通常包括以下四种：第一，以农产品的特性为依据进行定位。包括生产过程、种源、产地等农产品特性均能够作为农产品定位的要素，如无公害农产品、绿色农产品等均是以农产品的特性为依据进行定位的。第二，以农产品的价格与质量为依据进行定位。产品的质量和价格本身就是一种定位，通常对消费者来说，产品的质量是通过产品的价格来衡量的，价格越高，质量越好。目前在我国大众农产品价格普遍偏低的环境下，经营者采用高价定位被视作一种策略选择。为更便于实现定位的目的，更好地满足消费者对优质农产品的需求，应给于高质量的农产品较高的价格，以让优质农产品和普通农产品有所区别。第三，以消费者的习惯为依据进行定位。这是以使用者对产品的态度、看法等习惯特征为依据进行的目标市场定位。第四，以农产品的用途为依据进行定位。相同的农产品可能有不同的用途，如一些农产品具有多种功能，能够当作食品加工，能够直接食用，也能够用于家禽饲养。

农产品经营者只有能够实现差异化营销，才能够在市场上形成属于自己企业农产品的鲜明特征与独特性。作为一种营销方法，差异化营销指的是经营者利用与竞争对手不同的营销过程与营销产品而获得竞争优势的方法。以多种多样的消费者需求为依据生产出不同的农产品，让这些产品占据不同层次的消费者市场。换句话说，我国农产品经营者在提高经营效益、转变传统竞争观念方面受到了差异化营销方法的影响。

第一，差异化营销能够更好地满足各类消费者的需求。随着我国居民收入水平的普遍提高和国民经济的飞速发展，广大消费者越来越热衷于追寻个性化与多样化的生活方式和健康消费方式，因此展现他们的个性特点、潮流时尚、高品位和优良品质是他们在消费需求方面对服务或产品的要求。我国农产品经营范围越来越广，农业生产体制的变革，农产品买方市场的形成等，也被视作农产品差异化营销必备的物质基础。农产品经营者要想让消费者个性化和多样化的消费需求得到更好的满足，就必须重视对农产品市场的考察，以各类消费者的需求为依据，明确相匹配的营销过程或营销产品。

第二，差异化营销有助于促进农产品竞争模式的改变。近几年，尽管我国农产品市场发展迅速，但仍存在很多问题，包括普遍存在的产量增加收入未增加现象，同时经营方式趋同、产品种类单一和市场信息滞后的情况仍然存在，许多经营者仍以低价竞争作为核心的竞争方式，这直接影响了农民收入的提高和农业生产的稳定。差异化营销有助于鼓励农产品经营者利用多种非价格竞争方式来提高销量，包括提高品种档次与质量、拓展产品特色等，同时有利于促进农产品竞争模式由只依赖价格竞争转变为非价格竞争。

第三，差异化营销有利于培养消费者的品牌意识。农产品只有具有自己的品牌才能够在市场上流通，消费者对某一产品的品牌意识是此产品长时间占有市场的重要前提。为让目标消费者更热衷于本企业的产品，农产品经营者以目标消费者固定的喜好或偏爱为依据，在营销过程和营销产品等方面建立差异优势。要想消费者提高对某一农产品品牌的忠诚度，形成清晰的品牌意识，就应建立与塑造好这一农产品的品牌特色。

第四，差异化营销有助于提高农产品营销效益。倘若农产品经营者间所运用的运作程序与营销方式、提供的服务或产品差异性不大，必然会出现低价竞销的现象，农产品经营收益也会因此影响而降低。营销不同的农产品是农产品差异化营销的目标，农产品营销过程的差异是这一营销方式的重点，把同质市场转变成异质市场是这一营销方式的发展方向。由此，农产品营销收益会得到显著提高，因为这种营销方式让农产品经营者既不需要降价竞争，又能够充分利用差异化优势提高产品价格。

农产品经营者能够从两个层面来寻找差异，以实现自己的产品定位。一个层面是定位在营销过程方面的不同，也就是应用和竞争对手不一样的程序或形式；另一个层面是定位在营销产品方面的不同，也就是销售与竞争对手的产品有差异的产品。消费者在农产品需求方面的不同决定了营销产品的差异化定位。消费者对农产品的需求涵盖多个层次，包括基本需求、附加需求、潜在需求、期望需求等。以食品为例，维持健康、实现温饱等均属于消费者的基本需求；热情全面的销售服务、灵活多样的品种选择、知名度很高的产品保证等均属于附加需求；烹调技术、产品知识、健康咨询等均属于潜在需求；食品包装方便实用、满足卫生标准、品质稳定可靠等均属于期望需求。当市场中大部分农产品已可以满足消费者的期望需求与基本需求时，农产品经营者应着力于满足市场中未被发现的潜在需求；或为消费者提供与竞争对手不同的附加值，即通过各农产品经营者在满足消费者潜在需求或附加需求方面的不同展现营销产品的差异化。

农产品营销过程的差异化定位强调的是农产品营销手段、服务形式、运作程序或经营成本等方面的差异，表现为比竞争对手更好、更新、更快或更廉地满足消费者的需求。对此，不同的农产品经营者可相应选择使顾客满意（比竞争对手做得更好）、创新领先（比竞争对手更具创意）、快速反应（比竞争对手的反应时间更短）和价格优势（比竞争对手更低的价格）等策略来形成自己的营销过程差异。

互联网农产品是指通过互联网平台进行销售的农产品。随着互联网技术的发展和普及，互联网农产品成为农业产业的新兴领域。本书对互联网农产品的定位分析，主要从市场需求、目标客户、竞争分析等方面入手。

第一，市场需求。互联网农产品的出现是为了满足消费者对安全、健康和便利的需求。随着生活水平的提高，人们对食品的质量和安全性要求也在提高。传统农产品在生产、加工和销售环节存在一些问题，互联网农产品通过建立透明的供应链和提供可追溯的产品，满足了消费者对食品安全的要求。另外，互联网的普及使得人们可以更方便地购物和交流。通过互联网平台，消费者可以直接与农产品生产者进行交流，选择自己满意的农产品。农产品生产者也可以通过互联网渠道更好地了解市场需求，提高产品质量和服务，满足消费者的多样化需求。

第二，目标客户。互联网农产品的目标客户主要包括以下几类：一是健康意识消费者。健康成为现代人的追求之一，越来越多的人开始注重饮食健康。这部分人群对食品的安全和健康性要求较高，他们愿意通过互联网购买农产品，以确保产品的质量和安全。二是城市人群。随着城市化进程的加快，越来越多的人从农村迁往城市居住和工作。这部分人群通常无法直接接触到农产品生产环节，互联网农产品为他们提供了购买农产品的便利渠道。三是农产品生产者。互联网农产品不仅是对消费者有益，还对农产品生产者有一定的帮助。通过互联网平台，农产品生产者可以更好地了解市场需求，提高产品质量和服务水平。

第三，竞争分析。互联网农产品市场存在一些竞争对手，主要包括传统农产品企业、电商平台和区域性农产品线上平台。传统农产品企业在生产和加工环节拥有一定的优势，但在销售和宣传方面相对落后。电商平台通过强大的物流和销售网络，能够提供更大的市场覆盖面。区域性农产品线上平台主要侧重于本地农产品的销售。

为了在竞争激烈的市场中脱颖而出，互联网农产品可以通过差异化定位来获得竞争优势。以下是一些建议的差异化定位策略。第一，农产品品质和安全性。互联网农产品可以通过提供无农药、无激素和有机认证的高品质农产品来吸引健康意识消费者，满足他们对食品安全和健康的需求。第二，农产品的地域特色。

不同地区的农产品具有独特的地域特色，互联网农产品可以通过推广地方特色农产品，吸引消费者。第三，农产品生产者与消费者的互动。农产品生产者可以通过与消费者的互动，提供更多关于农产品的信息。消费者可以通过互联网平台与农产品生产者进行交流，了解农产品的生产过程和加工过程，建立信任。第四，农产品的价格和服务。农产品生产者可以通过提供合理的价格和良好的售后服务来吸引消费者。消费者通常倾向于购买价格合理且服务周到的产品。

互联网农产品市场具有巨大的发展潜力。通过满足消费者对食品安全、品质和便利的需求，互联网农产品可以在市场中取得一席之地。差异化定位是互联网农产品获得竞争优势的关键，可以通过品质和安全性、地域特色、互动和价格服务等方面进行差异化定位。在制订营销策略时，需要充分了解目标客户，分析竞争对手并制订差异化定位策略，进一步提高市场竞争力。

第三章　数字经济与农产品网络营销

本章为数字经济与农产品网络营销，主要从三个方面进行详细介绍，分别是数字经济与网络营销概述、数字经济与特色农产品网络品牌营销、数字经济与农产品电商网络营销。

第一节　数字经济与网络营销概述

一、数字经济

从互联网开始，数字经济革命就已在酝酿之中。由于信息、数据的流动性远高于以往的所有生产要素，数字经济带来的超速变革已超出人们的预期，数字经济技术的集中爆发是数字经济革命的技术驱动力，也是其技术表象。人们对数字经济的认识已由最早的技术创新和新产业形成，扩展为新技术变革和新产业经济态势，继而认识到数字经济成为以新技术与新产业为核心的，全面渗透并改变经济、科技、社会的创新性革命。

由于数字经济的技术发展趋势具有融合性特征，技术发展具有更强的可变性和弹性，且数字化对各产业、行业、领域渗透性极强，数字经济领域扩张速度极快，因此数字经济的内涵、特征和框架将不断演化。综合人们对数字经济的内涵、特征与框架的认识，大致可以描述出现阶段数字经济基本趋向一致的范畴及核心内容。

（一）数字经济概述

数字经济是指使用数字化的知识和信息作为关键生产要素、以现代信息网络作为重要载体、以信息通信技术的有效使用作为效率提升和经济结构优化的重要推动力的一系列经济活动。

1. 数字经济的特征

数字经济的主要特征应包括：数字技术等新兴技术的融合，数据要素化与价值化，数字化渗透的产业生态的完善，以及数字化治理的结构性、系统性的升级。以下详细介绍数字技术等新兴技术的融合数据要素化与价值化。

（1）数字技术等新兴技术的融合

数字经济新兴技术不断取得新的突破，典型代表有移动互联网、云计算、大数据、人工智能、物联网、区块链等。未来数字经济新兴技术将呈现更多可能性，而这些技术之间也将存在错综复杂的关系。随着技术版图的不断扩大，单一技术的发展成效和前景远不及多技术融合的发展成效和前景。技术融合并不是"1+1=2"的加法，而是"1+1>2"甚至可能等同于指数倍升级或两相乘积的结果。

在新兴技术的融合中有一项具有代表性的融合技术，即信息物理系统。顾名思义，信息物理系统就是要将信息和物理世界融合起来，作为一个系统去监管和执行。信息物理系统可以说是"工业4.0"的主要技术基础，而"工业4.0"则是第四次工业革命最初的核心，也是数字经济产业数字化早期的核心。信息物理系统的重要性在于融合，它不仅融合了计算、通信、控制技术，还融合了信息和物理世界，使信息不再是独立于物理世界的映射，而是和物理世界一体化。在这个融合的基础上，信息世界更贴近实际，模拟仿真和演算研究更有依据；物理世界与信息的融合，加速了物理世界的发展，扫除了物理世界的空间距离阻碍。

信息物理系统仅是数字经济新兴技术融合的一个代表。未来更多的技术融合将不再只停留在技术层面，更多地将是以基于技术融合的新模式、新产业的诞生为典型，使技术融合更具有目的性、创新性和方向性。

（2）数据要素化

数据要素和以往的土地、能源、劳动力、资本、企业家才能、技术、信息等要素不同，数据要素流动性更高，创新性和渗透性更强。从生产要素的发展趋势来看，越是后出现的新生产要素，在流动性、创新性和渗透性上越优于之前的生产要素。流动性、创新性和渗透性可以看成生产要素先进性的主要表征指标。这三大指标保证了生产要素能够更快速地作用于更多领域和地区，发挥更多的生产效率提升作用，优化经济与产业结构。下面将数据要素和技术、信息要素进行对比。

在流动性上，数据的流动效果最好、速度最快。理论上数据比信息更细化、标准化，可以形成比互联网、物联网等信息化网络更普适化、结构更简单化的数字化网络。在创新性上，技术创新的投入风险相对较大，回报周期相对较长。而在网络经济或信息经济的模式下，信息的不确定性、不对称性和风险性使其对外界产生影响的创新性难以核算。数据要素综合了技术、信息要素的创新优势，降低了风险投入、缩短了回报周期，以数字资产化、价值化为基础，使构建数字经济核算体系变成可实现的目标。数据要素将在数字经济中精准对接创新需求，发挥出最大的创新作用。在渗透性上，技术具有一定的应用门槛，导致技术的渗透领域和范围有限。一方面，信息的渗透性受限于信息网络结构，不具备普惠性；另一方面，使用者信息能力、信息素养不一，信息的可验性、可控性和价值化也没有统一的标准，使需求与供给难以及时对接，阻碍了信息的广泛流传和应用。数字经济的网络化结构保障了数据的普惠性，且数据的标准化比信息的标准化更精确，数据的可渗透性潜力远大于信息。技术的应用门槛各有其特殊性，哪怕是通用技术，应用门槛也和产业、行业技术基础背景有关。但是，数据的应用门槛具有通用性，目前集中表现为数据新基建和数字素养。数据新基建区别于传统工业产业的物理基础设施，既包括以数字技术等新一代技术为代表的信息基础设施，也包括传统工业产业的物理基础设施的数字化升级。数字素养作为数据应用的门槛，不仅带来了数字鸿沟，还带来了如何提高全民数字素养的挑战。

和其他生产要素相比，数据要素由于具备了融合性，与其他要素共同作用，产生了更迅速、更深度的影响效果。数据要素使万物互联，互融互通，数据的质和量呈指数级提升。社会经济发展至今，仅依靠"单一的生产要素聚集，或多种类生产要素的物理性聚集，产生规模效益来突破生产率瓶颈"是不可能的。世界发展急需一种"可融合各要素，并在其中发挥作用，提升要素融合效用的"要素。而这一要素只能是数据。

数据是数字经济的核心生产资料和生产要素，贯穿数据产品和数字化生产的全周期。数据要素化是数字经济的关键特征，它发生于数据作用于数据产品和数字化生产的各个环节。判断数据是否为数据要素，关键在于判断数据是否能够产生生产效率和产品价值的提升，以及数据自身是否能够获得价值提升。而这些数据要素化的表现，也是数据价值化的过程。本质上数据要素化的表现不仅是价值提升，还包括资源优化、模式创新、技术升级、制度改造等，它和数据价值化其实是两个部分。但因为两者具有很强的关联性，互为支撑，且往往同时发生，所以很容易将两者混淆。综合各方面资料，当前普遍将数据价值化的过程等同于数据要素化。而将数据价值化划分为数据采集、标注、确权、交易、安全、共享、跨境传输和数据资产化。

（3）数据价值化

数据价值化非常重要，在此之前的生产要素都没有被刻意强调过其"价值化"。数据价值化被重视的主要原因，一是数据确实具有高价值特征，二是数据的价值具有一定的隐蔽性，需要被充分释放。

当前，各国将数据当作重要的战略资产和国家竞争力核心资产，同时数据也被看作一种极具挖掘价值的新资源。数据既是核心资产也是核心资源，其蕴含的高价值不言而喻。之所以用资产和资源来形容和类比数据，是因为在之前的工业发展进程中，资产和资源始终是工业革命的重中之重，是各国争夺的关键。另外，数据同资产、资源有一定的共性特征。特别是在价值层面，数据只有资产化后才可以流通和交易，数据只有作为资源才有流通的必要性，才有为数字经济革命提供驱动力的可能。数据资产化向我们直观地表述了数据的价值所在，而数据资源化则显示出数据在数字经济革命中的使命和形态。

更重要的是，数据作为知识和智慧的"分子/原子"形式，渗透进经济、社会、生产和生活的各个领域，把知识和智慧的根本植入其中，全面提升了数据要素带来的增加价值。数据的这一作用和技术的作用相似。两者区别在于技术像是知识和智慧的化学方程式，更侧重于揭示技术及其相关外界变化和规律，因此技术对外界的价值外化形式更直观；而数据是知识和智慧的"分子/原子"形式，更侧重于加速包括自身在内的所有要素转变、融合与分割，从而构建自身及其相关外界的新变化和规律，因此数据对外界的价值增值作用更具长期性、动态特性、衍射性、多维度和难测性。这也导致了数据要素的价值化升值空间较大，受外界因素影响的可能性也较大，因而为了价值最大化，与数据要素相关的资源配置和治理变得格外重要。

如果更深层次地区分数据要素化和数据价值化，则数据要素化是数据作为核心生产要素参与生产过程，和其他生产要素共同作用，利用其流通性好、创新性和渗透性强的特征，优化资源配置、提高生产效率、形成新业态新模式、促进技术升级、支持制度改造。在这一过程中，数据只有发挥了其作为生产要素的作用，才能被称为生产要素。数据要素具体发挥什么作用，表现为数据要素在生产过程中是数据、信息、知识还是智慧。数据要素不仅要发挥作用，还要不断升级自身及增强自身带来的作用，要实现从数据到智慧的升值。这一升值过程，必须使数据能够通过数据采集、标注、确权、交易、安全、共享、跨境传输阶段。要实现这一目标，除了构建技术和网络等基础，还必须实现数字资产化（包括数字货币、数据类资产、数字权益类资产）甚至数字资本化（包括数据投资、质权贷款、挂牌），以确保数据要素的升值过程是有动力、可核算的。保障数据要素价值升值的这些基础，即数据价值化。

2. 数字经济的框架

数字经济最初被界定于信息与数字产业的范畴之内，随后其范畴逐渐扩展，涵盖了数字产业化和产业数字化两部分，其表现特征主要体现为技术驱动的生产力显著提升。随着生产力的提升，平台化模式应运而生，通过优化资源配置与合作机制，为产业规模的扩大与效率的提升提供了持续的增长空间。在新的平台化发展范式下，数字经济中的生产关系经历了创新性的变革，各类参与主体的合作与竞争态势展现出更多元的可能性，促使新业态与新模式层出不穷。在此背景下，旨在支撑创新生产力和生产关系的新型基础设施成为关键领域和投资焦点。随着生产力与生产关系变革成效的日益显著，人们逐渐认识到，数字经济的本质在于生产要素的深刻变革。其中，以数字价值化为典型表现的数据要素化构成了这一变革的核心组成部分。此外，数字经济在生产要素、生产力及生产关系层面的全面变革，推动了数字技术等驱动技术的持续升级与数字经济产业领域的不断拓展。数据量的急剧增加，以及新业态与新模式在数字化环境中的无缝衔接，使得人们不得不面对如何有效监管和控制这一庞大且复杂的、充满海量数据的系统的挑战。因此，数字治理被提升为数字经济更高层次的数字经济基本目标。以上这段文字大致勾勒了数字经济范畴的拓展路径及其改进历程。

在探讨数字经济框架的构建时，学术界已提出若干种分类方法。首种分类方法是依据经济运行的基础流程，将其解构为四个环节：首先是数字化基础设施，作为数字经济的基石；其次是数字化媒体，作为信息传播与交互的平台；再次是数字化交易，代表了经济活动中交易行为的数字化转型；最后是数字交易产品，这是交易结果的数字化形态。第二种分类方式则侧重于生产力与生产关系的动态平衡，将数字经济细分为七大组成部分：数字资产，即数字时代的新型财富形式；数字治理，涉及对数字经济的规范与管理；数字产业化，指的是传统产业向数字领域的转型与发展；产业数字化，强调利用数字技术提升传统产业效率与质量；数据要素，作为驱动数字经济的关键资源；数字基础设施，再次强调了其在支撑整个经济体系中的基础性作用；以及数字经济保障体系，为数字经济的稳健前行提供法律、政策与技术支撑。第三种分类框架遵循"技术基础—经济发展—综合治理"的逻辑脉络，将数字经济分为支撑层、数据层、商业层和治理层。第四种分类视角则从生产要素、生产力、生产关系三个维度出发，将数字经济划分为数据价值化、数字产业化、产业数字化和数字化治理四大板块。

综合上述分类方法的优点，结合数字经济扩张的脉络与实践进展，本书提出一种综合性的数字经济框架构建思路。该框架视数字经济为在坚实的数字基础设施之上，辅以完善的数字经济保障体系，通过数据要素的深度挖掘与价值转化，革新传统生产要素，进而推动生产力的飞跃式提升，催生数字产业化的蓬勃发展与产业数字化的深度转型。同时，在生产关系层面，该框架强调以数据要素为核心，推动治理模式的创新与优化，实现多领域变革，以适应并引领数字经济的未来发展趋势。

（1）数字产业化

在本框架内，数字产业化被视为数字经济发展的先驱与核心驱动力量，其动力源主要包括数据要素化在促进数字产品生产方面的效能，以及数字技术持续创新的推动力。数字产业化即信息通信产业，该产业在数字经济的发展进程中，发挥着技术供给、产品创新、服务提供及解决方案制订的作用。数字产业化主要包含基础电信服务业、电子信息制造业、软件和信息技术服务业以及互联网和相关服务业。

（2）产业数字化

产业数字化作为数字经济的一个关键构成，代表着传统产业通过采纳和应用数字技术所实现的生产效率与产出规模的显著提升。这一部分在数字经济整体格局中的比重持续攀升，已然成为驱动数字经济蓬勃发展的主导力量。产业数字化的范畴广泛涵盖了农业、工业以及服务业的数字化，同时还囊括了数字经济领域内新兴的业态与运营模式。

在产业数字化的竞争中，工业数字化处于核心地位。追溯现代工业数字化的演变历程，20世纪50至60年代，彼时工业设备自动化初露锋芒，从最初的单体设备自动化起步，逐步扩展至整条生产线的自动化作业，进而迈向工业设计流程的软件化及企业管理体系的信息化。进入21世纪第二个十年初期，约莫2010年前后，工业领域迎来了向智能化转型的历史性跨越。依据现代工业数字化的演进轨迹，2010年左右无疑是一个具有里程碑意义的转折点，在这一年，工业从自动化、信息化阶段迈入了智能化的全新纪元。工业数字化的加速推进，不仅是技术迭代升级的直接体现，更是数字经济时代背景下，工业领域把握时代脉搏、引领未来发展潮流的重要表征。

（3）数字治理

在当前的数字经济时代背景下，数据要素已将整个世界紧密联结。这一联结不仅触发了数据的爆炸性增长，而且推动了各行业生产与生活的全面转型。传统的生产与社会关系正逐步向资源与要素的协同共进、融合共生的新型模式演进。

为了适应这一发展趋势，生产关系中迎来了新的元素——数字治理。作为数字经济时代背景下涌现的新兴治理范式，数字治理涵盖了智慧城市、数字政府、公共安全治理、环境生态治理以及数字社会治理。这标志着完全依赖政府单一主体进行治理的时代已经成为过往，取而代之的是一种多主体参与、协同合作的共同治理新模式。在数字治理的实践中，数据与数字技术的深度融合将发挥重要作用。它们不仅为治理过程提供了强大的技术支持与数据支撑，而且推动了数字治理向系统优化、普惠共享的方向迈进。展望未来，随着治理主体的多元化拓展、治理模式的持续创新、治理技术与理论的迭代升级以及治理规则的逐步完善，数字治理的能力与水平预计将实现质的飞跃。这一系列变革将共同塑造一个更加高效、智能、包容的数字治理新时代。

（4）数字基础设施

确保数字经济顺利运行与发展的关键在于数字基础设施，它主要包括信息基础设施、融合基础设施、创新基础设施及传统信息基础设施。信息基础设施由通信网基础设施、新技术基础设施以及算力基础设施组成；融合基础设施则涵盖了智能交通和智慧能源等方面的基础设施；创新基础设施则包括产业技术创新基础设施、科教基础设施以及重大科技基础设施；而传统信息基础设施则包括移动宽带、固定宽带以及无线局域网。

（5）数字经济保障体系

数字经济保障体系涵盖统筹协调机制、统计评估与监测体系、保障政策以及核算体系这四个方面。从全局视角来看，数字产业化和产业数字化构成了数字经济生产力变革的核心要素，为数字经济的发展注入了基本动力。数字产业化体现了新一代信息技术的演进趋势和最新成就，而产业数字化则引领实体经济经历深远变革。数字化治理成为生产和社会关系变革的关键所在，数字技术在治理理论方法等方面的创新，将对人们的日常生活和生产活动产生深远而重大的影响。数字经济推动数据要素化和数据价值化，这不仅重塑了生产要素的结构，还提高了生产要素及其作用的生产效率和价值，为未来的智能化发展奠定了坚实基础，同时也是数字经济的标志性特征。数字基础设施与数字经济保障体系共同构成了数字经济运行与发展的稳固基石。

3. 数字经济的技术

（1）数字经济的技术分类

数字经济的技术划分有几种不同的方式和角度。

第一，从类型上看，数字经济的技术包括通用基础技术（5G、物联网、工业互联网、卫星互联网等）和新驱动技术（人工智能、区块链、云计算、量子计算、数字孪生、虚拟现实/增强现实/混合现实、3D打印等）。

第二，从技术的领域来看，主要分为网络技术（5G、光纤通信、智能宽带等）、制造技术（智能机器人、数字孪生等）、信息技术（虚拟现实、增强现实等）和其他高精尖技术（石墨烯、芯片、量子通信等）。

第三，从技术趋势上来看，数字经济的技术趋势呈现数字化、智能化和渗透式三个方面。

数字经济以第四次工业革命为基础，第四次工业革命技术的主流趋势基本覆盖数字经济技术的发展。全球创新活动占比较高的行业有信息技术、汽车、制药、半导体、生物技术、航空航天与国防。其中，信息技术、汽车和半导体属于数字经济的关键技术领域，制药和生物技术属于第四次工业革命的三大主题之一，与数字经济密切相关。因此可以看出，数字经济技术行业的创新动力强劲。国内百强企业的研发费用占营收比重以及研发费用增长，整体持续提升，越来越多的技术引领型企业建立了创新实验室、工程技术中心、研究院等科研载体。数字技术具有巨大潜能，能够提高颠覆性技术的诞生频率和发展速度。

早期认为数字技术面向应用领域的范式应以通信、计算、控制的相互融合为基础，但实际上，数字技术将与制造、能源、生物、材料等领域技术交叉融合产生一系列新技术，未来将带动相应的一系列新范式，大幅提高技术能力和应用效率。比较各技术应用情况，可以看出云计算、大数据、人工智能等技术应用更为广泛普及，云计算、大数据、物联网等技术对实体经济渗透性更强，在制造业发挥较大优势。同时，基于技术集成的数字经济新模式和各领域新应用也不断涌现出来。例如，产业数字化转型的基础技术包含了互联网、物联网、云计算、大数据、人工智能和区块链等技术，加速了产业数字化的场景、行业应用和模式的创新（例如，制造业从单点设备分析向更多应用场景拓展、从单点局部应用向行业体系化应用拓展、从企业内部应用向制造资源整合规模化模式拓展），使产业数字化形成工业互联网、智慧交通、智慧医疗等核心应用。

新基础设施的保障，使数字经济技术在安全、移动、万物互联、高速、智能化、一体化等方面发生质的飞跃，数字经济技术将向更广阔、更高效、更普及、更智能化的方向发展。2019年5G商用落地，其与大数据、云计算、人工智能等技术的链接协同，标志着数字经济技术开始大规模、大范围地从研发阶段向应用阶段过渡，技术挑战和技术机遇并存。

（2）数字经济的关键技术

伴随着物联网、大数据、云计算、人工智能、区块链等数字技术的快速发展，以及这些技术带来的各产业数字化升级、数字化治理和数据要素化、价值化，特别是由互联网的生活应用向数字经济的生产扩展的转变，使数字经济逐步成为新产业、新经济、新发展的关键驱动力。笔者选择六个有代表性的热点技术进行描述和分析。

①人工智能。人工智能技术是围绕数据、替代人工的智能化技术。人工智能

以数据为核心开展工作，利用对数据进行加工、处理和分析等工作，实现其价值和意义。同时，人工智能通过机器智能替代人的部分脑力劳动，提高了生产效率。数据是数字经济的核心生成要素，数字经济高质量发展的主要目标是以数据为基础提高生产效率并替代人的部分脑力劳动。因此，能实现这一目标的人工智能技术成为数字经济的关键技术。

目前，全球主要国家均积极开展人工智能战略规划，支持科研。美国、欧盟、英国、日本等国较早发展人工智能技术，在技术前沿领域具有一定优势。近年来，中国人工智能行业的投融资金额、次数及参与机构数量等均以年增长率至少高于其他国家 50% 的状态保持迅速增长。国内各地积极开展人工智能研发及应用，推进技术在制造、医疗、交通、金融等领域发挥应用经济导向。

中国人工智能企业及行业发展态势良好，拥有一大批国际优质企业。得益于国内大数据与互联网产业积累的大数据优势，国内市场环境对人工智能等新技术的需求，以及政策支持，当前，我国的人工智能企业在语音识别、图像识别等应用领域具有一定优势。我国 5G 技术及应用落地，对人工智能的意义巨大，辅助了人工智能的应用和系统升级。即便如此，我国人工智能的基础理论研究体系、主流框架、智能硬件仍需向国外的先进技术和产品借鉴与学习，科研创新性仍有较大的提高空间。

②区块链。区块链技术本质上是一种去中心化的可靠、透明、安全、可追溯的分布式数据库，这种分布式结构解决了互联网数据汇聚共享的问题，保证了每个节点的对等地位的普惠式结构。在这种结构下，数据所有权明确，链接更直接，交易更安全、更公平，基于网络安全技术的共识机制更容易取得民众信任。由于区块链在数字经济中发挥了支持数据要素资产化、将数据全面地公平链接且安全追溯、建立了数字化的共识信任机制的三大作用，数据作为生产要素真正得以安全、公平、可信地流通和交易，实现了数字经济的稳定、安全、普惠、公平和可持续发展。一直以来，区块链致力于从这三个层面解决问题，在数字贸易、农业、制造业、物流业、民政、公共安全治理等领域作出了突出的贡献。

为解决国内和国际贸易中数据确权、数据安全、隐私保护、信任机制等问题，可以采用区块链技术，其可以提高贸易流程的透明度和贸易标的的可追溯性，确保产品和服务质量，增强信任；简化贸易文件、流程，确保数据的安全流通和监控。当前，区块链应用的相关领域包括金融业、政府档案、数字资产管理、投票、政府采购、土地认证 / 不动产登记、医疗健康、能源等。

农业数字化和工业数字化属于产业数字化的一部分。区块链在农业数字化中的应用主要是农产品质量安全追溯，实现农产品全周期全链条的透明化监管。同时，区块链可建立数字化信任机制、打破信息不对称、加速信息数据流通和交易过程，解决农产品供应链各参与主体缺乏相互信任、产供销不平衡、供应链运转效率低和管理成本高等问题。区块链在制造业中的主要应用包括：为工业设备提供可信标识并对设备情况进行监管；发挥在研发、设计、生产、采购、库存、物流等方面的信息共享与供应链协同管理作用；实现工业产品全生命周期追溯。针对物流业，区块链可以实现运输凭证签收写入区块链存证，构建物流征信生态及社会信任机制，实现物流溯源监管及信息共享，进而提高效率、保障效益。

区块链在民生领域的应用包括交通、医疗和公益慈善行业，重点在于保证数据的完整性、真实性、不可篡改性及隐私性，保障监督和追溯权限，解决信任危机问题。在政务服务中，基于区块链的数字身份认证、电子证照和电子票据，使数据在政府和个人之间可以共享、共用，建立数字化的政务服务。在司法治理中，区块链重点应用在数字版权保护和电子司法存证上，两者主要利用区块链的可验证的时间数据证明、可追溯和不可篡改特性，保证信息的可信度和真实性。在公共安全管理中，区块链用于灾情监测及预警，实现"多层级信息及时共享，协同统筹管理、高效分工和分配，提高效率和公信力"的目标。

区块链技术具有去中心化、信息不可篡改、透明可追溯、开放性、自治性、匿名性等特征，正在成为解决产业链参与方互相信任的基础设施——信用价值网络，将在全球经济复苏和数字经济发展中扮演越来越重要的角色。

近年来，随着区块链逐步应用于金融、供应链、工业制造、智能制造、医疗健康、司法存证、农业、能源、社会公益、政府管理和疫情信息监测预警等领域，各国政府及监管机构对区块链技术及其研发应用的态度越来越积极，国内外学者与科研机构对区块链领域的研究成果不断涌现。联合国、国际货币基金组织，以及美国、英国、日本等国家都对区块链的发展给予了高度关注。从 2020 年开始，各地的区块链政策呈现出井喷之势。在 2021 年第十三届全国人大四次会议表决通过的《中华人民共和国国民经济和社会发展第十四个五年规划和 2035 年远景目标纲要》中，将区块链作为新兴数字产业之一，提出要推动智能合约、共识算法、加密算法、分布式系统等区块链技术创新，以联盟链为重点发展区块链服务平台和金融科技、供应链管理、政务服务等领域的应用方案，完善监管机制。2021年，工业和信息化部、中央网信办联合印发《关于加快推动区块链技术应用和产业发展的指导意见》，对产业区块链提出发展规划要求，即"到2025年，区块链产业综合实力达到世界先进水平，产业初具规模。区块链应用渗透到经济社会多个领域，在产品溯源、数据流通、供应链管理等领域培育一批知名产品，形成场景化示范应用。培育3~5家具有国际竞争力的骨干企业和一批创新引领型企业，打造3~5个区块链产业发展集聚区。区块链标准体系初步建立。形成支撑产业发展的专业人才队伍，区块链产业生态基本完善。区块链有效支撑制造强国、网络强国、数字中国战略，为推进国家治理体系和治理能力现代化发挥重要作用。到2030年，区块链产业综合实力持续提升，产业规模进一步壮大。区块链与互联网、大数据、人工智能等新一代信息技术深度融合，在各领域实现普遍应用，培育形成若干具有国际领先水平的企业和产业集群，产业生态体系趋于完善。区块链成为建设制造强国和网络强国，发展数字经济，实现国家治理体系和治理能力现代化的重要支撑。"①

目前，我国区块链专利申请量领先，不断涌现的创新成果为区块链发展提供了安全可控的技术支撑，产业生态初具规模。当前，我国上市的区块链企业通过自主研发、合作研发、投资持股等方式开展区块链业务。其中，以自主研发为主的企业将近一半，此类上市企业集中分布于金融、软件信息服务等细分行业。这些企业凭借自身多年的技术积累和产业服务经验，通过设立区块链事业部、建立相关研究院或实验室或投入研究经费，持续开展区块链技术底层平台的研发和相关领域的应用实践，并且已有部分技术研究应用成果落地。另有多家上市企业通过积极申请区块链相关专利，寻求建立相关领域的先发优势和技术壁垒。

③云计算。云计算是分布式计算的一种，兴起的主要原因在于互联网时代数据量的过载超出了互联网平台低成本高质量处理数据的上限。但市场对于数据的需求量和用户对数据质量的要求却在持续攀升。云计算和云平台巧妙地解决了这

---

①工信部、中央网信办印发《关于加快推动区块链技术应用和产业发展的指导意见》[J]. 中国信息化，2021，（7）：16-19.

一矛盾。在数字经济时代，云计算和云平台将会继续发挥不可替代的作用，未来仍有较大的和其他技术融合创新，以及在各领域进行模式创新的空间。

云计算由三类数字服务构成，分别是基础设施即服务（IaaS）、平台即服务（PaaS）和软件即服务（SaaS）。在云计算当中，IaaS 市场位于产业链上游，是 PaaS 和 SaaS 的基础。随着数字经济的企业数字化转型需求提升，我国 SaaS 成为发展热点，向平台化、智能化发展的趋势愈发突出。

对于数字经济来说，云计算提升了算力和网络水平，提高了生产力和生产效率，是新基建的重要组成部分，也是数字化转型的关键基础要素。当前云计算有两大新趋势（云原生和分布式云），对数字经济发展起到了关键技术支撑作用。其中，云原生是一种可以充分利用云计算优势构建和运行应用的方式。云原生技术为数字中台建设提供了强有力的技术支持，帮助用户更加聚焦业务能力，最大化应用开发的价值。分布式云是云计算从单一数据中心部署向不同物理位置多数据中心部署、从中心化架构向分布式架构扩展的新模式。分布式云对于物联网、5G 等技术的广泛应用起到重要支撑作用，其核心云边协同顺应各相关行业基于边缘计算和设备的分布式转型需求，加速了各相关行业的数字化转型进程。

按照产业结构来看，云计算产业链的上游供应商为第三方互联网数据中心（IDC）企业，以及包括服务器厂商、网络运营商和网络设备厂商在内的基础设备提供商，同时，IDC 厂商也需要向基础设备提供商采购设备。产业链下游为云生态，包括基础平台和云原生应用等，云计算厂商负责提供 IaaS、PaaS 和 SaaS 等服务。

从产业链整体趋势来看，各大 IaaS 厂商竞争力的差距主要来源于云计算基础服务的创新性、行业解决方案的成熟度以及服务实施效果，因此，建立整体云生态，聚合产业链上下游合作伙伴，是提高 IaaS 厂商市场竞争力的重要途径。美国 SaaS 市场获得了快速发展，SaaS 产品的传统商业模式也在美国获得了极大的成功。我国公有云 SaaS 市场发展与全球整体市场有一定差距，目前已经形成了三大阵营包括创业公司、互联网巨头和进行云转型的传统软件公司，未来发展潜力巨大。国内外云计算市场持续扩张，市场规模日趋庞大。在下游扩张的情况下，云产业链上游的数据中心流量同步快速增长。

云计算技术具有超大规模、虚拟化、高可靠性、通用性、高可伸缩性、成本低廉、速度快、效率高等优势。云计算关键技术将在传统和新兴市场发挥关键作用。另外，未来随着技术发展和行业应用需要，边云计算、云边协同、云网融合、云原生将成为提高算力、改进模式、布局基础设施的三大新发展趋势。

④5G。3G/4G 时期，数据存在质量低、碎片化和维度有限的问题，不适应数字经济万物互联的数据要求。当前，万物数据入网、传输提速和广泛应用是关乎数字经济能否开展万物互联的关键问题。5G 的到来，不仅使各类型、各来源、各领域的万物数据链接入网，且通过扩展网络带宽，达到数据量激增的数据传输速度要求，并将解决物联网边缘数据的计算、分析、处理与储存问题，使移动互联网向支持广泛设备联网的方向发展，在更广阔的工业控制、自动驾驶、智能电网等新行业新场景应用。5G 除了解决 3G/4G 的数据问题，更重要的是，在此基础上，5G 为万物数据和相关技术融合提供了统一的标准化传输，畅通了从数据采集到各场景应用的数据传输路径。

增强型移动互联网、海量连接物联网和超低时延可靠通信是三大 5G 应用模式，4K/8K 视频、百万级生产要素实时互联、99.9% 以上的高可靠性、毫米级时延和毫米波等技术指标的达成，以及 5G 与其他相关技术的结合，满足了当前制造业转型的基本需求。由于 5G 具有高速率、低时延、高可靠、广覆盖的特征优势，5G 的应用场景将逐渐涵盖人们生活、生产的各个领域，保守估计，至少会在制造业、交通运输业、建筑业、公共事业、采矿及矿石业五大领域取得巨大收益。

尽管 5G 取得了巨大的进步，但 6G 研发工作已经开展。显然，未来数字经济万物互联之后的智能化目标，需要频段和传输速度更高、延迟更低、支持个性化用户需求、无须基站、可靠性更高、覆盖更全且费用更低的"6G"。

⑤物联网。物联网是一个基于互联网、广播电视网、传统电信网等信息承载体让所有能够被独立寻址的普通物理对象实现互联互通的网络。这一定义具有明显的互联网和上一代移动互联网特征。在这一定义下，物联网普遍分为感知、网络、平台和应用层。此时，物联网要实现智能化目标，选择的是人工智能的辅助方法。"物联网＋人工智能"能够实现包括辅助/自动驾驶、生物识别、健康监测等功能。

数字经济对物联网有了新要求。强调"物联网"不仅是"物物联网"，还是数据要素进入数字经济的重要关卡之一；将万物联网后，物联网与 5G、区块链、边缘计算等其他技术的融合，将打破数据与数据间的隔阂，也将消除人机物的界限，实现万物的融合。

具体地说，在数字经济中，"物联网＋区块链"使入网数据链接跟踪对应产品的全生命周期，使相关主体以数据为依据充分协调合作；物联网将与边缘技术融合，解决海量终端数据的质和量的问题；物联网将侧重服务于上层平台、应用和服务，提高系统智能化水平；物联网面向人的柔性化体现在将为用户需求提供定制化的软硬件服务；移动网络、5G、卫星网络在改变物联网基础设施不统一、不兼容、不规范、分散化的状态上起到重要作用。

当前全球物联网呈高速增长态势，伴随着数字经济向各产业渗透，物联网的应用场景由消费占据主导转为向产业倾向扩展的趋势，预计未来在工业、交通、健康和能源等领域增长速度最快。尽管物联网行业发展态势良好，但是仍然存在缺乏统一标准、平台整合、安全性等问题，目前物联网行业正集中力量从技术、政策和经济角度去攻克这些难题。

⑥数字孪生。近几年，数字经济成为数字孪生技术发展的时机，而数字孪生的难度在于它需要集成高性能计算、多物理尺度和多物理量的建模等关键技术。

由于数字孪生涉及的相关技术多，涉猎的领域也多，数字孪生的定义并未明确。在此我们参考一种比较常见、易于理解的概念：数字孪生是充分利用物理模型、传感器更新、运行历史等数据，集成多学科、多物理量、多尺度、多概率的仿真过程，在虚拟空间中完成映射，从而反映相对应的实体装备的全生命周期过程。

数字孪生的重要意义在于将现实物理世界映射到虚拟数字世界里，和从物理世界到现实世界的信息物理系统（CPS）技术路径相反且思路逆向。数字孪生和 CPS 技术形成闭环反馈，刚好验证了虚拟与现实世界的相互作用，证明了理论方法的可实践性。由于数字孪生技术的重要性，全球重要经济体纷纷出台数字孪生相关政策，英、美等国更是将数字孪生作为国家战略推进。

数字孪生的主要能力包括物联感知、全要素表达、可视化呈现、空间计算、模拟仿真等。CPS 技术是先进制造的核心技术，应用于能源、建筑、交通等领域。因此，与之路径相反且思路逆向的数字孪生也可应用于以上这些领域。当前，国内的数字孪生技术主要应用在数字孪生城市、交通、能源、工厂、医疗、水利等领域。其中，取得率先突破的是小空间区域的数字治理。

（二）数字经济与农产品流通

1. 我国农产品流通行业的发展

我国农产品流通领域的发展通常被分为三个阶段。

1978—1994年是萌芽与发展阶段。我国农产品流通行业的发展是以1984年许多农产品批发市场的建立为基础的，如山东寿光蔬菜批发市场等。

1994—2013年是信息化转型阶段。1994年，我国首家农产品批发市场正式投入运营，代表着我国农产品流通行业发展到了一个新的阶段。利用批发市场的集中化经营，能够有效减少中间环节，提高农产品的流通效率，同时能够更好地提供市场参考价格和农产品的信息。2000年初，我国农产品流通伴随电子商务的快速发展与互联网的普及，进入一个以电子商务为核心的时代。专门从事农产品电子商务的企业相继出现，农民利用互联网平台极大地提高了农产品的销售效率和农产品的流通收益。伴随信息化技术的持续发展，农产品流通行业的信息化水平越来越高，不同地区的农产品批发市场纷纷建立了计算机网络系统，不仅让物流配送方式更加完善，而且让信息交流与共享变成了现实，有关的智能化设备与物流管理软件的大范围应用进一步提高了农产品流通的服务水平与效率。

2013年至今为智能化发展阶段。农产品流通行业伴随大数据、物联网等技术的成熟和应用的普及，朝着高效化、智能化的方向发展。要想让消费者享受到更可靠、更安全的农产品，就应利用智能化的监控、管理系统全面、准确地掌握农产品的质量、生产和流向信息。

由上观之，我国农产品流通行业在经过了萌芽与发展阶段、信息化转型阶段，逐渐进入智能化发展阶段。未来，伴随科技的深入发展，我国农产品流通行业还会持续完善与创新，由此也能为农产品生产者与消费者提供更好的服务和保障。

2. 数字经济对农产品流通的影响

（1）对农产品交易方式的影响

一般中间商与实体市场被视作传统的农产品交易方式的基础。数字经济的发展让农产品流通发生了很多变革，使得传统的农产品交易中交易成本高、信息不匹配、流通环节长等问题得以解决。

首先，数字技术提供了更高的可追溯性和信息透明度。农产品的种植、加工等环节均能够利用数字技术进行追踪与记录，为了解产品的安全性与质量，消费者能够利用扫码或其他方式获得更多的产品信息，如生产地、质检报告等。这种信息透明度能够增加消费者的购买欲望，同时能够消除信息不匹配的问题。

其次，数字经济促进了农产品流通的便捷化和线上化。农产品生产者利用社交媒体、电商平台等途径能够直接和消费者进行对接与交易，而不需要传统环节中的实体市场与中间商，既减少了交易成本，又节省了物力与时间资源。与此同时，农产品生产者能够利用网络直接和消费者进行互动，掌握市场需求、完善产品推广策略，提高销售技巧，这得益于线上交易为农产品的推广与推销提供了更广阔的平台。

最后，数字经济促进了农产品电商合作社、农产品众筹等新型农产品流通形式的产生。众筹模式利用线上平台直接投资农产品生产，组织消费者集资，不但减少了农产品流通中的成本与风险，而且实现了产品的线上配送与线下采购。电商合作社模式指的是农民与电商平台合作，利用预售、预定等方式预先签订订单，降低流通环节中的浪费与损失。这些新型流通模式提高了农产品流通的灵活性与效益。

（2）对农产品流通渠道的影响

数字经济的发展让农产品流通更方便与高效。物流网络与电商平台为消费者提供了很多便利，消费者能够直接从农民手中购买新鲜的农产品，既提高了产品的质量与新鲜度，又减少了物流成本与时间。数字经济的发展扩大了农产品流通的市场范围，与此同时，数字化的管理系统还可以提高农产品的可追溯性和透明度，协助农民实现对农产品生产、储存和销售的管理与实时监控。农产品经营者能够利用移动通信和互联网技术把农产品送到全国甚至世界的任意消费市场中。受社交媒体与电商平台快速发展的影响，农产品能够利用线上渠道完成销售与推广，由此获得更多消费者的青睐。

另外，互联网消费者的个性化需求也为农产品的品牌与特色类型的建立提供了机会。数字经济的发展推动了农产品流通产业链的升级与转型。超市、农民集市等是常见的传统农产品流通渠道，这些渠道中的农产品销售效率较低且成本较高，因为产品销售中间环节过多且信息不对称，而数字经济的应用能够实现农产品由生产到消费整个过程的数字化管理，提高整条流通链的竞争力与效益，农民能够利用数字化的农产品追溯信息与品牌宣传，提高产品的竞争力与附加值。

（3）对农产品物流运输的影响

数字经济的产生在一定程度上解决了传统农产品物流运输中的常见问题，包括运输效率低下、信息不对称等。首先，数字经济提供了更高效的信息传递方式。农产品经营者利用物联网技术、电商平台等能够及时掌握价格变动与市场需求，同时与物流供应商进行对接，减少了信息不匹配的问题。农产品的物流运输能够以市场需求为依据进行精准调度，减少货物浪费与滞销的情况。其次，数字经济提高了农产品物流运输的效率。农产品物流运输能够借助大数据分析与物联网技术实现优化调度和智能化管理。例如，运用物联网技术能够降低运输成本与缩短运输时间，这一技术的应用能够让人们提前了解到交通情况，挑选最恰当路线避免堵车，同时实现对运输车辆的实时监控。与此同时，大数据分析能够协助物流企业进行准确规划与预测，提高运输效率，避免物流资源浪费。再次，数字经济减少了农产品物流运输的成本。利用电商平台，不会产生中间环节的费用，减少了物流成本，使得农产品生产者能够直接与消费者进行交易。最后，数字经济推动了物流企业间的共享与合作，提高了物流运输的利用率，减少了多余的物流资源与设施，由此降低了整体的物理成本。

（4）对农产品流通组织的影响

数字经济在很多方面为农产品流通组织提供了新的解决方案与机遇，具有重要的正面价值。

首先，数字经济提供了更有效的农产品管理和信息交流方式。农产品流通组织为提高农产品的流通效率，并在市场中的决策与定位更高效，可以借助移动应用、互联网和电商平台用最短的时间把信息传递给消费者和农民，如供应链信息、市场需求等。

其次，数字经济加快了农产品流通组织管理升级的速度。传统的农产品流通组织易于产生信息错误与断层的问题，是因为这类管理主要以手工和物流记录为基础。不过数字经济中的大数据分析、物联网等技术工具，既让农产品资源得到了充分的运用且更加安全，又极大地提高了农产品的流通效率，因为这些技术工具具有实时管控与监测农产品的质量、运输、储存和安全等环节的作用。

最后，农产品流通组织中创新的营销与管理方式是通过数字经济实现的。例如，农产品流通组织能够运用在线广告、社交媒体等数字媒体工具实现和消费者的沟通与互动，掌握他们的需求与反馈。与此同时，组织能够利用智能营销与数据分析等方式，提升品牌形象与市场竞争力，提供个性化的服务与产品，满足各种类型消费者的需求。

3. 数字经济背景下农产品流通模式的创新策略

（1）渠道关系创新

第一，搭建农产品电商平台。电子商务在数字经济环境下已发展为农产品流通的主要方式，搭建农产品电商平台可以增强农产品线下配送与线上销售的能力，以实现农产品的迅速流通与销售。电商平台为农民与消费者提供了极大便利，既可以让农民更好地售卖自己农产品的同时，又可以让消费者更便利地购买到优质的农产品，由此让农产品的流通变得快速、高效和可追溯。

第二，创新农产品供应链管理模式。在数字经济环境下，为做到对农产品供应链全过程的监控与管理，应运用包括云计算、物联网和大数据分析等数字技术。为保证农产品的质量与安全，应利用实时监测与数据分析，实现事先预警，同时解决供应链中的问题。另外，为推动农产品的正常流通，还应把供应链金融模式作为农产品生产与流通的融资支撑。

第三，加强农产品的营销宣传与品牌建设。农产品的营销宣传与品牌建设在数字经济环境下特别重要。为实现农产品的共同发展与共赢，可以利用移动支付与社交媒体等数字技术，在农产品品牌的联合宣传与营销过程中，加强农产品在流通方式方面的合作，与此同时，为增加消费者的购买欲望和提高他们的关注度，应让农产品的品牌故事与形象得到更好的传播。

第四，健全农产品直播带货模式。农产品直播带货模式是一种综合模式，融合了电商和直播两种新型销售模式。消费者购买欲望与关注度的提高和对农产品进行实时宣传与展示均可以利用农产品直播带货的模来实现。为提高用户体验与销售效果，农民可以借助直播的方式介绍农产品的品质和特点，展示自己的农产品，与消费者进行交流互动。

第五，搭建农产品流通数据平台。在数字经济环境下，农产品流通信息的收集、整合与共享可以通过搭建农产品流通数据平台的方式实现。数据平台包括物流配送、售后服务和金融支持等与农产品流通有关的服务，这些服务能够提高农产品流通的服务质量与效率，与此同时，数据平台也可以作为制订和调整农产品流通决策的辅助工具，且有助于预测与分析农产品的市场供应与需求情况。

（2）渠道参与主体创新

在传统农产品流通模式中一般存在农产品质量降低与价格提高的问题，因为这一模式涵盖多个中间商与环节。在数字经济环境下，能够通过拓展参与主体的形式来改善此种情况。一方面，数字经济能够吸引更多的参与主体，增加农产品的销售途径。例如，农产品企业与快递、餐饮企业等的结合能够通过互联网科技来实现，由此建立合作关系，实现农产品的直接供应，既能够为餐饮等企业提供更优质、新鲜的农产品，又能提高农产品的市场销售额与影响力。另一方面，农产品生产者能够利用社交媒体平台或电商平台等对农产品进行直接销售，在提高农产品价格与质量竞争力的同时，减少了农产品的流通成本与环节。另外，数字经济能够为渠道与主体带来更多商业机会。例如，能够利用数字经济的技术方式提高各渠道参与主体的市场竞争力与服务质量，同时建立相应的品牌形象，为让农产品的管理与流通工作更好地开展，可以利用包括智能化技术等多种方式，为渠道参与主体提供更清晰的供应链管理支持与市场需求预测。

（3）流通业态创新

以数字经济为动力，流通业态创新既可以提高农民收入，又可以提高农产品的质量与附加值，同时能够让消费者更方便、迅速地购买到农产品。

第一，搭建数字化农产品供应链。为实现从种植（养殖）、加工到销售的全过程数字化管理，应利用大数据、互联网等技术，搭建信息共享与全过程追溯的农产品供应链。借助农产品上的二维码信息，消费者能够掌握农产品的生长过程、种植养殖地等信息，由此提高他们对农产品的购买欲望与信赖度。

第二，完善农产品电商平台。为实现一站式的农产品购买服务，应通过建立农产品电商平台，使生产、流通、销售等环节联系起来。电商平台在为消费者提供更方便的购买路径和更多类型产品选择的同时，让农民可以利用电商平台在线上直接销售农产品，减少了销售的中间环节，增加了农民的收入与提高了农产品的售价。

第三，推动农产品地理标志认证。在消费者对农产品的购买意愿和原产地与品质的信赖度方面，地理标志认证具有重要的作用。应加强对农产品地理标志的宣传与保护，帮助农产品提高市场竞争力和建立品牌形象。

第四，引进农产品溯源技术。为保障农产品的安全与质量，应运用大数据、人工智能等技术对农产品进行溯源。为提高消费者对农产品的信赖度，应利用溯源技术对农产品的种植、养殖过程进行追溯，及时发现与处理潜在的安全隐患。

第五，完善农产品众筹模式。利用众筹平台，为农民提供资金扶持，帮助他们增加农产品的销售途径与扩大生产规模。众筹模式可以提高消费者的忠诚度与参与度，通过这种模式消费者能够预先订购农产品，同时在农产品实际上市后获得奖励与优惠。

（4）流通技术/手段创新

第一，引进物联网技术。对农产品的质量、生长环境和成熟度等信息的实时监测可以通过在农产品中安装传感器来实现，根据对以上监测数据的分析，既可以提高农产品的产量与质量，又可以帮助农民科学管理农产品的生产。为保证农产品的质量与安全，应利用物联网技术实现对农产品的追溯。

第二，利用大数据分析技术。在企业完善农产品的配送与库存管理方面，大数据分析技术具有重要作用，此技术的应用能够让流通风险与成本降低，同时，利用对农产品生产、销售、消费不同环节数据的收集与分析，能够对农产品市场的需求与趋势进行深入了解，由此为农产品的流通与生产决策提供相应依据。

第三，人工智能技术在农产品流通模式中具有重要价值。在农产品市场的需求预测基础上，农民可以借助人工智能技术提高产量规划与种植决策的效率，同时，运用人工智能算法的能够实现农产品供需的智能匹配，提高供应链的透明度与效率。

第四，在农产品流通模式创新的过程中引进区块链技术。区块链技术能够解决农产品的防伪与溯源问题，提高消费者对农产品的信赖度。

（5）政府政策支撑体系创新

第一，加大数字农业政策扶持力度。为保障农产品流通的数字化创新，政府需要制定与完善相关的数字农业政策。例如，减少数字化流通平台的运行成本，健全数字农产品流通平台的资金补助政策，倡导农民与农产品加工企业参与数字化流通。

第二，让农产品流通数据更具共享性与开放性。政府可以制定政策支持农产品流通数据的共享与开放，且促使农业部门制定农产品共享机制与流通数据标准。为提高整个流通链条的透明度与效率，应利用共享数据加强农产品流通环节的信息互动。

第三，健全数字农产品流通监管机制。为实时了解与解决数字农产品流通平台中存在的问题，确保流通环节的正常运转，政府应增强对数字农产品流通平台的监测与评估，同时，政府需要制定数字农产品流通平台的准入规范与门槛，加强对数字农产品流通的监管，维护消费者权益与食品安全。

第四，加强农产品流通技术支持与人才培养。为促进数字农产品流通技术的应用与创新，政府应在支持技术研发与创新项目的过程中，提供技术支持与咨询服务，同时，为培养一批具备农业知识与数字技术的专业人才，政府应加大对农产品流通人才的培养力度。

良好的农产品流通模式是加快农产品流通现代化的核心环节，也是促进产销良好衔接与降低农产品流通费用的保障。在数字经济环境下，切实有效地解决数字经济问题，更好地完善与创新农产品流通模式为农产品流通提供保障，既对农产品行业的长期发展有极大的推动作用，又对数字技术的持续发展有很大帮助。

（三）数字经济与农产品营销创新

1.数字经济时代农产品营销创新理论

农产品营销创新对发挥联农带农社会效益、推动农产品产业链扩容增质、加速我国农业农村现代化进程具有至关重要的意义。在创新实践方面，以创新生态理论为基础明确农产品营销创新的理论逻辑具有重要价值。将创新网络、创新主体、创新环境等因素相应地转化为数字社群、数字主体、数字场景、数字资源和数字技术，可以了解在数字经济背景下的农产品营销创新是以数字社群、数字主体、数字场景、数字资源和数字技术五个要素的均衡协同、有机融合和情境共享为基础的。以这五项整合为基础能够实现全媒体营销、全渠道营销、沉浸式营销、智能化营销、全品类营销五种农产品营销创新模式。所以，能够利用数字社群融合、数字主体协同、数字场景建立、数字资源拓展、数字技术驱动，明确数字经济时代农产品营销创新渠道，有利于加快对农产品的营销，推进社会商务、培养多元主体、深入发掘文化内涵、搭建信息生态平台和拓展产品组合。

在我国全方位建设社会主义现代化国家的进程中，最困难、最繁重的任务依然在农村，农产品产业发展与农民增效、增收有关。近些年，农产品营销政策先后颁布，培养新型经营主体、研发优势资源品类，推动农产品现代化流通与集约化生产是 2022 年 6 月农业农村部办公厅印发的《农业品牌精品培育计划（2022—2025 年）》和 2023 年 8 月中央财办等九部门印发《关于推动农村流通高质量发展的指导意见》中主要强调的观点。实施农业强国、推动产业延链壮链的主要方法是农产品营销创新。中国的农产品营销产业具有良好的基础；冷链物流基础越来越完善，农产品现代流通体系初步形成；新型农业经营主体规模越来越大。不过，我国农产品营销依然面临着很多现实问题，包括在线交互内容单一、经营主体联动不足、营销情境氛围不强等。

数字技术被视作数字经济的主要动力，数字平台被视作数字经济的主要载体，同时，数字经济以数字新业态或新模式为活动的主要形式。数字经济为加快农产品营销朝高效化、智能化方向的创新，应通过提高技术应用效率、延伸资源拓展边界与改进供需匹配方式实现。我国农产品营销创新过程中存在很多机遇，也面临着很多困难，机遇主要有信息精准链接、资源高效集成等，困难主要有技术推广瓶颈、数据汇集困难等，因为数字经济促进了农产品流通的跨界融合、供应全过程追溯和新零售新电商的业态创新。2022 年 1 月 26 日中央网信办、农业农村等部门联合印发的《数字乡村发展行动计划（2022—2025 年）》提出"支持农业龙头企业、农民专业合作社以及种养殖大户、家庭农场等新型农业经营主体通过网络销售区域特色农产品[①]"，2023 年新华社受权发布的《中共中央国务院关于做好 2023 年全面推进乡村振兴重点工作的意见》提出"鼓励发展农产品电商直采、定制生产等模式，建设农副产品直播电商基地"[②]，为数字经济时代农产品的渠道

---

① 中央网信办等十部门印发《数字乡村发展行动计划（2022—2025 年）》[J]. 乡村科技，2022，13（3）：159.

② 中国法制出版社. 中华人民共和国乡村振兴注释法典 [M]. 北京：中国法制出版社，2023：3.

适用范围、营销资源开发、场域拓展等提供了政策引导。在数字经济背景下，我国不同地区主动组织农产品营销创新实践活动。

现有成果大多从单一视角研究数字经济促进农产品营销的方法或思路，以系统视角为基础对数字经济环境下农产品营销创新的探究不多，我国迫切需要从全新的理论视角探究数字经济环境下农产品的营销创新，这是由我国农产品营销现状的独特性决定的，即数字技术创新应用、平台经济快速发展与消费者膳食营养结构转型等特殊营销环境。

伴随平台经济、"互联网＋"的快速发展和人工智能、云计算等数字技术应用的创新，数字经济慢慢实现了与我国农产品营销全过程的融合，同时促进了我国数字化的转型，由此为我国农产品营销创新提供了强大的动力和牢固的基础。现有研究主要以营销主体、营销客体、营销方式、营销环境和营销过程五个方面为中心，对数字经济环境下农产品营销创新思路进行了透彻探究。第一，在营销主体层面，注重建立多方协同的利益联结机制，提高农产品的营销效率，最大限度地促进多元主体在农产品线上线下营销途径中的融合，包括冷链服务商、地方政府等主体，同时，为提高农产品产业可持续发展能力和营销创新能力，应在各主体间建立品牌共建、产销对接的利益联结机制，实现农产品信息流等跨时空互联，在提高主体间协同能力的同时推动产业的融合。第二，在营销客体层面，注重利用农业产品可视化管理、土壤指挥监测等方式优化生态资源，促进初级农产品高质量供给，同时利用农产品资源多元化供给夯实营销基础，应用数字技术开发抗病性强、产量高的种质资源。第三，在营销方式层面，注重从系统角度探究农产品的营销创新，构成网络关系和应用数字技术是提高农产品营销效率的核心动力。详细来说，为探究农产品营销数字化转型的逻辑应该从创新生态系统视角出发，明确科技推动、价值驱动与需求拉动等问题，同时由此进行探讨。数字技术既能够实现在预测消费者喜好的同时进行关联化、个性化推荐，建立农产品粉丝群同时促进农产品营销数字化转型，又可以推进信息共享、实现精准溯源，确保农产品营销信息的对称。因此，应进一步以社交电商平台等数字媒介为基础，在消费者、政府等营销主体间建立稳定的社会关系，利用电商直播、在线团购等方式促进农产品营销信息高速传递。第四，在营销环境层面，应明确场景互联能够让消费者在消费过程中获得沉浸体验，由此让消费者形成消费预期，重视良好的文化氛围和在线情景对农产品营销的重要意义。另外，为从多方面激活消费者市场需求，应提高农产品采购时的情感、娱乐和社会价值，以提高农产品营销过程中消费者的信赖感与认可度。第五，在营销过程方面，为明确农产品营销创新的方向，应注重理顺营销阶段的演化过程，也就是为实现夯实农产品营销过程的目标，应明确数字营销的内含演化过程，从以服务营销与产品组合为重点，到重视个性定制与消费价值，再到构建体验场景与虚拟生态。因此，我国农产品营销运用智能技术从多角度建立了效率更高、覆盖范围更广的农产品营销生态，同时展现出了多场景、多元化和智能化的发展方向，形成了社交媒体营销、品牌营销等演进脉络。

总体来说，以前的研究为加深对数字经济时代农产品营销创新的理解奠定了坚实基础，但大多局限于单一视角或单个主体，缺乏从创新生态系统理论角度多方面解析数字经济时代农产品营销创新的研究。对于我国的农产品市场和数字经济时代，关于农产品营销创新的实现模式和途径的综合分析研究也相对罕见。因此，本书利用创新生态系统理论，探讨数字经济时代农产品营销的创新，提出了实现这一创新的模式，并明确了未来的探索方向。这将为推动我国实施"大食物观"战略、促进农产品产业的发展和加快农业农村现代化进程提供理论基础和实践指导。

在数字经济背景下，农产品营销迫切需要以理论视角为基础引领实践探索。动态演化、互利共生等均属于创新生态系统的特征，此系统指的是在固定场域或空间内由多方创新主体与此系统所在的创新环境进行能力互鉴、资源互通、信息互换而形成的复杂系统。随着创新生态系统理论在市场推广、商品流通和经营转型等研究范畴的推广应用，人们也逐渐认识到了商业模式转型、数字农业创新等内在机制。因此，从客体、主体和环境等复合视角来看，创新生态系统理论被视作数字经济时代农产品营销创新的理论逻辑框架。

（1）农产品营销创新的系统框架

在数字经济支持下，新零售和新电商领域的农产品营销正在经历变革，多方共赢的合作机制得以建立，信息共享与协作关系有所改善。创新生态系统包含了更多元化的创新资源、参与者、技术、网络和环境。创新资源是指促进创新活动所需的新型资源要素；创新主体是指参与创新活动的个人或团体；创新技术是指促进创新活动有序运行、效能提升的新兴技术；创新网络是指在创新活动中所形成的新型关系网络；创新环境是指创新活动所发生的新型场所。在创新的商业生态系统中，各方利益相关者利用数字资源和技术，在虚拟环境中拓展营销渠道并优化促销策略，通过共同进步和相互合作实现最佳的农产品营销创新。

根据数字经济时代的要求，通过构建创新生态系统，可以将农产品营销的创新理论框架（图3-1）重新演绎为数字资源、数字主体、数字技术、数字社群和数字场景五个重要要素。数字资源指的是现实基础与客体要素，为数字场景与数字社群间的信息交流、数字主体、物质交换、数字技术等提供支持；数字主体是数字技术和数字资源的使用者，也是数字社群和数字场景的主导者，既是核心要素，又是行动主体。数字技术是关键支持和推动力量，可整合数字资源和数字主体等信息，并转化为相应的数字社区和数字环境的重要工具。数字社群是数字场景中数字资源、数字主体和数字技术之间相互影响的传导通道，也是关系要素和依附结构。数字场景是促进数字资源、数字主体、数字技术和数字社群之间协同发展的环境支持，也是情境要素与外部支持。

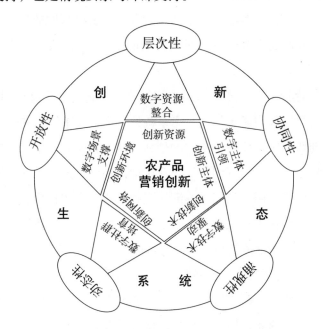

图3-1 数字经济时代农产品营销创新理论框架

（2）农产品营销创新的系统要素

不同类型的系统要素共同构成了数字经济时代农产品的营销创新，包括数字社群、数字主体、数字场景、数字技术和数字资源。这些系统要素均衡协同、有机融合和情景共享，实现了系统整体的优化。

数字资源是农产品营销数字主体应用云计算、区块链等数字技术进行农产品营销时各种相关的物质基础，包括数字农产品资源库、数字自然生态资源库等应充分应用数字技术增加农产品自然资源的来源渠道，为农产品差异化定制和全品类营销提供资源保障。利用数字化精深加工实现肉、植物等农产品加工的定制化与科技化转型；利用数字化生产增加高钙、富硒等营养元素扩大农产品的产量范围；利用数字化流通提高藻类贝类、林粮林菌等农产品的流通效率。

具备数字应用能力的农产品营销参与者、主导者和接受者被统称为数字主体。主导者指的是政府相关部门等监管主体，与生鲜电商平台、种养大户、社区团购平台、农业企业等相关的市场主体。主导者应用大数据技术增加在线渠道、完善订单生产，同时建立区域集群品牌、组建政企营销联盟、开展整合营销传播活动。参与者由多种类型的主体构成，包括权威媒体、科研主体、社交媒体、行业协会与认证机构等第三方组织，农产品在线质量认证、品类智慧研发等是参与者的任务，参与者还能提高农产品品牌声誉和营销技术含量。接受者包括消费者、公众等社会主体，其可以通过不同的方式参加农产品营销创新活动，包括重复购买、信息搜索、在线拥护等方式。

推动农产品数字化营销的云计算、大数据等新兴技术均属于数字技术，这些技术实现了消费者需求、数字资源和数字主体间的精准匹配，由此能够建立差异化的数字场景与数字社群。以渠道、产品、促销营销、价格因素为基础，第一，在产品层面，区块链溯源技术、虚拟现实（VR）产地展示技术等均属于数字技术，此技术能够解决农产品市场信息不匹配的问题，由此提高数字信息的透明度；第二，在价格层面，数字技术包括价格波动可视化技术、大数据精准定价技术和在线拼团技术等，具有推动农产品数字化交易和精准营销的作用；第三，在渠道层面，产销数据共享技术、在线支付技术等构成了数字技术，能够实现农产品全渠道营销和仓储智能化管理；第四，在促销层面，数字技术由个性化推荐、人机互动技术与广告在线投放技术等组成，实现了人工智能（AI）客户服务和农产品人工智能直播等。

数字社群是农产品营销中的数字参与者之间通过互相受益的方式建立的虚拟联系网络，包括主导者和接受者之间、参与者和接受者之间，以及不同接受者之间的数字社群。数字社群如社区团购社群、网红微商社群和电商直播社群等，扮演着主导者和参与者之间的角色，有助于推动农产品的智能化销售、在线展示和云端推广。数字社群涵盖了知识科普社群、美食分享社群等，这些社群有助于推动农产品在线交流购买。

数字场景包括农产品需求的数字化展示，在线服务的数字化展示，以及感官体验的数字化展示，这些是利用虚拟现实等数字技术向消费者展示的不同方面。农产品需求数字场景，即农产品产地环境全景呈现、生产过程 VR 投影、历史渊源动态展示等虚拟场域，向消费者传递农产品资源禀赋、生产环境及地域特色文化。在线服务数字场景是指通过提供在线快速订购和消费模拟等服务，激发消费者的购买欲望。虚拟食用场景、线上线下商品 VR 展示场景和健康体验场景均属于感官体验数字场景，这些虚拟场景传递的农产品的健康价值、质量价值和情感价值，为消费者创造沉浸式体验。

（3）农产品营销创新的系统机制

创新生态系统理论以系统论为基础，通过系统性思维来理解事物，从系统特征如层次性、协同性、涌现性、动态性和开放性等方面分析系统运作机制。层次性强调系统要素类型多元、组合方式不一，在系统内部形成一定等级秩序；协同性提出系统要素相互作用推动系统演进；涌现性是指系统在面对复杂且动态的外界环境时，会通过自身形态特征的变化产生新的要素结构；动态性是指在系统要素相互作用过程中系统状态随时间而改变；开放性主张系统在复杂动态环境中受到外部环境的影响，同时也与外部环境发生互动。在数字经济时代，农产品营销可以通过创新生态系统理论视角来实现创新。这包括充分利用数字资源的层次性，促进数字主体之间的协同合作，促进数字技术的创新发展，增强数字社群的活力，以及提高数字场景的开放性。

数字资源的等级结构性。资源编排理论认为，通过整合、组合和利用资源，可以建立具有多样性功能和有序结构的系统。因此，农产品营销创新系统首先获取资源建立资源基础；然后进行资源的多元组合，推动资源的捆绑；最后对各类资源进行结构化整合，以提高综合价值。具体来说，通过实践"大食物观"，可以拓展农产品生产加工的自然资源获取途径，提高资源基础的多样性，优化资源利用方式，提升居民的膳食安全水平。同时，改进农产品营销策略，提高资源利用效率。

数字主体的系统协同性。协同演进理论强调了主体之间的相互依存性和反馈机制，通过资源互补、能力相互增强等方式实现系统的协同发展。在农产品营销创新过程中，促使市场主体之间建立利益共享机制，建立权威主体之间的信息共享和智慧监管机制，建立媒体之间的风险信息共享和风险沟通机制，建立科研机构与其他组织之间的合作研发机制。营销参与者与营销主导者之间建立相互合作的协作机制，建立营销接受者和营销主导者之间的在线反馈机制，营销参与者之间建立精准互动和智慧传播机制，促使营销参与者积极参与，发挥实际作用，优化营销策略，提高营销效果，实现合作共赢。

数字技术的系统涌现性。技术可供性理论认为将数字技术分为积累可供性和变异可供性两类，然后精确地与系统要素进行匹配和融合交互，能够推动系统的发展。一方面，通过数字化信息处理，可以提高农产品营销的灵活性，其中包括动态收集农产品产地数据、建立冷链物流追溯系统、在电商平台展示农产品来源和进行价格比较、精确设置拼团价格，以及展示定价周期等。另一方面，利用新的数字技术推动系统升级和改进，可以促进农产品的数据耦合和订单信息共享，实现在电商平台上提前预测库存情况等功能。可以通过机器客服智能推介、精准营养成分推荐以及实时预测消费者需求等方式，在农产品在线促销中提供更好的用户体验。这样的做法能够全面结合和创新应用变异可供性技术，从而提高农产品在市场上的竞争力。

数字社群的系统动态性。嵌入理论认为为增加系统的整体功能，应以通过结构嵌入与关系嵌入实现组织或个体间的自然融合为重点。在农产品营销创新系统数字社群中，为扩大农产品营销市场规模、促进农产品营销社群互联互通，需要厘清营销参与者、主导者和接收者等主体的责任，明确不同主体结构的嵌入规范，同时在营销接受者与参与者之间建立农产品科普知识云端交流的社群关系，在营销接受者与主导者之间建立农产品质量风险信息动态公示和营销精准实施的社群关系，在营销接受者之间建立优质农产品在线分享的社群关系。

数字场景的系统开放性。媒介情境理论倡导应用信息技术对媒介形态进行更新，打造包括个体感知、社会文化、行为规范等不同元素的虚实结合的场景。在商品需求场景、在线服务场景和感官体验场景中，农产品营销创新系统数字场景可以利用数字技术创新实现农产品历史故事的一站式智能推荐服务、虚拟生态、商品口感智能体验。通过多样的数字场景提高农产品经营的精准性，这些场景具有智慧高效、动态感知、可视可触的特点。

2. 数字经济时代农产品营销创新策略

在数字经济时代，农产品营销创新一定要起到确保系统整体优化与高效运转、推动系统要素均衡协调的作用。为明确我国农业农村现代化发展的方向与路径、推动农业产业高质量发展，应对农产品在营销方法方面进行创新，应通过数字社群互融、数字主体协同、数字场景搭建等帮助农产品进行营销，包括推进社会商务、培育多元主体、发掘文化底蕴、建立信息生态平台、拓展产品组合。

（1）全产业链延伸，拓展农产品营销产品组合

①数字需求整合，实现扩容提质。

一是数字需求智慧整合。为协助生鲜电商平台等营销主体明确消费者对农产品健康功效、外观形态等方面的需求特点，应用区块链等数字技术把农产品营养价值、口感等特点融合起来，实现数据的准确搜索、智慧整合和实时分析。

二是完善供给资源结构。为健全农产品供给结构，应运用全球定位系统（GPS）技术等了解独特的生态环境情况，应用农产品种植技术开发各种农产品资源，包括林果林菌、薯类瓜果、肉干乳酪等，如森林、草原、耕地、沙漠等生态环境和品种改良、基质栽培、智能温控等技术。

②数字要素汇聚，提升精深加工。

首先是数字要素云端集成。为切实了解农产品生产资源的特点，应利用智能测算、空天地一体化信息网络等技术对农产品产地土壤成分、气候条件等数据进行高效收集，同时对光伏养殖、智慧育苗等数据进行云端分析。

其次是产业链条精加工。应根据我国不同地区农产品种类结构，推动农产品朝智能化、精加工方向发展，为推动农产品产业延链、壮链，应以森林菌类、深海鱼类等为原料开发食品新类型，同时因地制宜开发农产品智慧生产线等。

③数字概念探索，研发未来食品。

一方面，促进营销方式智慧转型。应用物联网等数字技术在线分析消费者购买信息与订单数据，提倡使用新的营销理念，如"营养健康"，在进行数字化精准营销过程中，应以低卡高纤维、口感好、低脂高蛋白的健康食品为主。

另一方面，提高未来食品研发创新速度。应利用人工智能等技术全面分析森林菌、可食花等农产品资源的数据，包括营养结构、资源地理分布、生物特性等，为实现利用数字概念促进未来食品营销的目标，应运用3D打印、化学合成等数字技术，在细胞工厂、植物工厂中培养出"人造肉"、植物基食品等未来食品。

（2）跨界协同联动，培育农产品营销多元主体

①数字区域营销，打造一村一品。

一是多方合作建立产销联盟。为使农产品渠道共建、资源共享和品牌共用成为现实，应建立产销精准对接、区域优势显著的"农户＋农企＋平台"营销联盟，同时，应汇聚智慧农批市场、种养大户、社交电商平台、家庭农场等主体合力，因地制宜选择乡村发展核心产业。

二是主体协同形成一村一品。为形成农产品特色产业发展格局，应以本地龙头企业或政府为主导，建设一村一品示范村，推动联盟成员在智慧加工、育种技术等方面实现协同互助。

②数字整合营销，擦亮县域品牌。

首先是融合地方特色。全方位发掘特色农产品的优势，包括生长环境、微量元素含量等方面，运用机器学习等数字技术实现对特色农产品投入品的微量元素可视化分析、精准监测、营养含量云端展示等。

其次是强化县域集群。为强化县域品牌集群、建立县域品牌思域流量且提高转化效率，应在清楚农产品市场定位、品牌优势与供需信息的基础上，运用不同优惠方式吸引消费者，形式包括县域特供、季节限定、产地专享等。

③数字订单营销，助推农场认养。

一方面，数字订单精准定产。助力地区农产品乡镇企业、种植养殖户等与大型生鲜电商平台进行线上线下合作经营，为通过以销定产方式增加农产品营销综合收益，应在全国范围内建立"盒马村"等订单农业生产基地和农产品全链路营销体系，应用物联网等数字技术把基地生产情况与电商平台销售情况精准对接。

另一方面，农场认养精准销售。为协助农产品智慧流通，应利用元宇宙等技术建立认养平台和农场，邀请消费者以"农场主"身份选购所需产品，建立农产品"线上认养＋线下代养"新模式，宣传农产品认养节等节庆营销。

（3）人工智能驱动，构筑农产品营销信息生态

①数字信息可视，优化健康标签。

一是实现营养成分信息可视。为提高农产品信息的易读性和准确性，应利用 AI 大模型、数据可视化技术等对农产品元素构成、营养成分等信息进行全方面展示。

二是实现健康标签动态显示。为提高健康标签的可理解性和动态性，应利用各种颜色标识对健康程度进行智慧分级，同时应用混合现实、物联网等数字技术，以在线视频、动态图文等方式展示农产品各类健康信息，包括烹饪方式建议、农产品推荐食用量等。

②数字人机交流，促进个性推荐。

首先是数字设施的升级迭代。应用人工智能等数字技术助力各种数字设施建设，包括农产品现代化产业园、仓储智能分配中心等，扩大农产品供应数据中心、农村通信网络等数字基础设施覆盖范围，推动农产品消费信息数据的精准采集、处理、分析并据此进行营销决策。

其次是改进人机交互方式。为提高在线推荐的匹配度，应运用在线评分等方式掌握消费者对农产品的消费喜好，根据消费者下单率、回复率等数据评估智能客服的服务效果，通过职能推荐等方式实现农产品促销折扣、成分属性信息、消费者需求与膳食搭配建议等的匹配。

③数字精准追溯，实现"一物一码"。

一方面，建立数字追踪系统。为实现农产品生产、加工、流通整个过程的信息公开透明，应建立数字追踪系统，农产品智能分级分类系统、数字身份集成系统、质量安全追溯系统和农产品大数据平台的建立均是以农产品各类产品信息为基础的，包括营养属性、产地特征、冷链过程等。

另一方面，促进"一物一码"的应用。应利用射频识别技术等自动识别技术建立农产品可追溯码，应用动态防伪、精准溯源等技术确保蛋鱼禽畜等农产品信息标签精准对应和展示，用"一物一码"使农产品生产者提高食品安全素养与责任意识，以提高消费者信任度。

（4）消费圈层互融，推进农产品营销社会商务

①搭建数字平台，发展社区团购。

一是搭建消费圈层网络。为增加消费者的购买意愿，应在网络等平台上利用大数据等技术把各圈层消费需求和不同种类的农产品地域属性、营养功效等信息进行匹配，同时邀请农产品领域博主等主体应用数字媒介在农产品营销圈层进行宣传，明确农产品健康养生、减脂塑形等消费圈层特点。

二是建立社区团购平台。倡导国家级农产品龙头企业与电商平台合作研发社区团购 App 或小程序，制订菜品搭配、半小时等数字化精准服务，制订团长甄选、本地直采等营销方式。

②数字内容分享，打造网红爆款。

一方面，鼓励内容分享。为增加农产品的销售量，应借助话题营销等方式提高农产品的关注度与曝光度，同时以制订菜谱分享、烹饪展示等奖励机制和在线视频等方式提高农产品营养价值，为消费者推荐优质农产品。

另一方面，打造网红精品爆款。重视产品形态与包装的差异化特征与美感价值，通过线下品鉴会、社交电商平台等方式提高产品知名度，通过品牌联名、名人推介、情怀营销方式打造农产品网红爆款产品。

（5）虚拟场景构建，深挖农产品营销文化底蕴

①数字文化挖掘，树立国潮标杆。

一是培育数字文化业态。为围绕农产品文化建立数字文化新业态，应利用动漫、游戏等方式创新农产品文化产品，用动漫形象等建立独特的农产品品牌形象与 IP，同时利用农产品溯源、农产品电商推广等建立农产品数字文化平台。

二是发掘国潮品牌价值。利用人工智能等数字技术在农产品包装设计过程中添加十二生肖等东方元素，发掘国风文化，建立农遗产品、生态产品等国潮品牌。

②数字体验革新，设计非遗藏品。

第一，建立虚拟体验基地。综合应用混合现实、互联网平台等技术建立特色农产品体验平台，建立数字农产品虚拟农场、档案馆、云上博物馆，利用跨屏沟通增加消费者对虚拟场景的互动体验，提高他们对农产品的认同感，利用增强现实（AR）眼镜等设备让消费者了解农产品文化起源、感悟农产品采摘过程。

第二，设计非遗民族藏品。为提高农产品流通价值和收藏价值，应利用元宇

宙技术设计数字纪念章、数字书画等地标农产品藏品，应利用数字孪生、增强现实等技术动态发掘地域特征、传统工艺和非遗文化。

③数字宣传科普，发扬民俗节庆。

一方面，推动智慧宣传科普。为推广中华农耕文明应开发"掌上农产品地图"等板块，以大数据分析技术为基础，把特色节庆、民间文化融合起来，建立民俗节庆资源库，为消费者提供数字化菜单信息，利用数字模拟、数字孪生等技术建立民俗虚拟体验馆，开展农事民俗、农耕历史故事等沉浸式体验活动。

另一方面，传承特色风俗节庆。要想营造节庆氛围，应运用机器人流程自动化和光学字符识别技术开发智能讲解系统、运用三维建模技术在线展示"丰收节""春耕节"等农事节庆，设计农产品数字节日主题礼盒等。

农产品营销创新对满足人民群众美好生活需要、推动农产品产业高质量发展、促进我国农业农村现代化进程具有至关重要的意义。在消费者膳食营养结构转型、数字经济快速发展的环境下，迫切需要用新的理论视角指导农产品营销创新实践。利用数字社群互融、数字主体协同、数字场景建立、数字技术驱动、数字资源拓展，明确数字经济时代农产品营销创新路径探索的方向，帮助农产品营销推进社会商务、培育多元主体、挖掘文化内涵、建立信息生态、拓展产品组合。

二、网络营销

在市场营销过程中，作为以现代信息技术为基础的新生事物，网络营销的受众群体不断增多，且具有很多传统营销不具备的优势。

（一）网络营销的概念

网络营销与很多新兴学科一样，因为研究人员对网络营销的研究角度不一样，所以对网络营销的概念也有不同的表述。

作为企业整体营销战略的构成部分，网络营销指的是利用网络媒体的交互性和数字化的信息来更好地满足顾客的需求，由此实现企业营销目标的一种新的市场营销方式。这是网络营销在"营销"层面的定义。

网络营销仍然属于市场营销的范畴，但与传统营销的手段和理念相比又有很大的变化，因此，网络营销的内涵可以从以下五个方面来理解。

第一，网络营销要以现代信息技术为支撑。作为一种利用通信技术、互联网和数字交互媒体开展的营销活动，网络营销的发展是以电子交易、信息技术、支付方式和通信卫星技术的发展，特别是信息技术的发展和国际互联网的流行为前提。

第二，网络营销是一种新型的直接营销方式。作为现有营销体系的补充，网络营销不只是网络销售，还是企业为拓展新市场，降低营销成本，利用网络实现传统营销的方式。网络营销的效果可以体现在如下几个方面，如加强与客户的沟通，提高企业的品牌价值或作为一种对外发布信息的工具等，网络营销活动不一定能实现在网络上直接销售的目的，但有助于提高顾客的忠诚度和总销售量。

第三，网络营销的本质是满足顾客和企业的需求。网络营销的根本动力为消费者需求内容和需求方式的改变。顾客需求是网络营销的起点，最终实现的是企业利润的最大化和顾客需求的满足，所以，网络营销必须以追求顾客满意为中心。如何利用作为提供商品交换手段的网络技术，来满足企业与消费者的需求，是网络营销的本质所在。

第四，网络营销贯穿营销活动的全过程。网络营销包括从产品生产之前到产品售出之后全过程的所有活动，运用互联网对产品的售前、售中、售后不同环节进行双向、即时的跟踪服务与信息交流。企业的整个营销过程都需要网络营销的参与，包括客户服务、产品开发、市场调查等方面。网络营销主要包括信息收集、信息发布与各类网络交易活动等内容。

第五，网络营销建立在传统营销理论基础上。网络营销是以传统营销理论为前提建立的，而非单一的营销网络化。传统营销理论为网络营销提供了很多宝贵的经验，网络营销理论被视作传统营销理论在互联网中的发展与应用。

网络营销活动是一种新型的技术手段或营销方式，必须要与一般营销活动联合开展。作为企业整体营销战略的一个组成部分，网络营销指的是运用互联网拓展市场且满足客户需求的活动，在实际运用中网络营销要与传统营销结合起来才能收到良好的效果。

（二）网络营销的内容

网络营销内容丰富，是一种新型的营销方式。一方面，为完成企业的目标，在网上开展营销活动；另一方面，网络营销应为企业提供与网络虚拟市场相关的消费者个性化需求和特征。网络营销的主要内容包括如下 8 个方面。

1. 网络市场调研

网络市场调研作为一种新的调研方式已经受到国内外企业的广泛重视。网络市场调研是企业利用各种网络技术资源进行信息收集、整理与分析的过程。可以直接在网络上通过问卷进行调查，还可以通过网络来收集市场调查中需要的一些二手资料。网络市场调研的内容主要包括对消费者、竞争对手以及整个市场情况的及时报道和准确分析。

利用网络调查工具，可以提高调查效率和增强调查效果。可以利用网络的互动性，通过顾客参与使企业更好地了解市场的需求，由于网络的传输速度快，可以保证市场调研的及时性，网络调研者可以及时发布调查问卷，被调查者可以方便地回答各种问题，调研者可以快速便捷地对反馈的数据进行整理和分析，可以在信息海洋中获取想要的信息和分辨出有用的信息，大大地降低调研的人力和物力成本。

2. 网络消费者行为分析

作为一类特殊群体，网络消费者具有和传统市场群体完全不同的特征。只有深入掌握网络消费群体的购买动机、需求特点和购买行为才能够开展恰当的网络营销活动。利用互联网信息互动平台，很多兴趣、爱好相似的消费者可以聚集与沟通，由此在网络上形成了一个个特色鲜明的虚拟社区，要想对网络消费者的行为进行准确分析，就必须熟知这些虚拟社区不同消费群体的喜好与特征。

3. 网络营销策略制订

不同企业在市场中具有不同的地位。企业只有在进行网络营销的过程中应用与企业相匹配的营销策略，才能够完成相应的营销目标。企业在制订网络营销策略的过程中，应综合考虑网络营销的优点与缺点和不同因素对营销策略制订的影响，因为网络营销既是一种很实用的营销手段，又需要一定的资金投入且存在风险。

4. 网络产品和服务策略

作为信息恰当沟通的方式，网络能够作为一些无形产品的载体，远程服务和软件转变了传统产品的营销方法，尤其是渠道的挑选。网络产品和服务营销策略的制订，要结合网络特征，考虑产品的包装、设计等传统产品策略研究。快速反应是网络营销竞争的利器之一，如何对顾客的需求迅速作出反应，提高网络顾客的满意度和忠诚度是十分重要的，所以，快速反应有可能成为网络产品和服务的营销策略。

5. 网络价格营销策略

网络作为信息交流和传播工具，从诞生开始采取的便是自由、平等和信息免费的策略，互联网技术创造了降低交易成本的机会，因此，网络市场上推出的价格策略大多是免费和低价策略。在制订网上价格营销策略时，必须考虑到互联网对企业定价影响和互联网本身独特的免费特征。

6. 网络渠道选择与直销

在企业营销方式方面，企业营销受互联网的影响最大。美国某公司利用互联网交易双方能够直接互动的特点建立的网络直销获得了极大的成功，既减少了营销渠道中的费用，又解决了传统渠道中多层次的选择、管理与控制问题。不过企业建立自己的网络直销渠道一定要进行一定的前期投入，还应考虑相匹配的经营管理模式问题。

尽管与传统营销方式相比，网络营销有很大的优点，不过在目前情况下，这种新型营销方式不能完全代替传统的营销方式。企业传统的分销渠道仍旧是宝贵的资源，互联网所具有的及时高效的双向沟通功能对加强分销商与制造商间的联系有重要意义。

7. 网络促销与网络广告

互联网作为一种双向沟通渠道，最大优势是可以实现沟通双方突破时空限制直接进行交流，而且简单、高效、费用低廉。因此，在网络上开展促销活动是最有效的沟通渠道，但开展网络促销活动必须遵循网络一些信息交流与沟通规则，网络广告作为网络营销最重要的促销工具，目前得到迅猛发展，具有报纸杂志、无线广播和电视等传统媒体发布广告无法比拟的优势，具有交互性和直接性。

8. 网络营销管理与控制

由于网络传播速度非常快，网络营销作为在互联网上开展的营销活动，它必将面临许多传统营销活动无法遇到的新问题，如网络销售的产品质量保证问题、消费者隐私保护问题以及信息安全与保护问题等。这些问题都是网络营销必须重视和进行有效控制的问题，否则可能降低网络营销的效果，甚至可能产生很大的负面影响。

（三）网络营销产生的基础

20世纪90年代初，互联网的飞速发展在全球范围内掀起应用热潮，世界各大公司纷纷利用互联网提供信息服务和扩大公司的业务范围，并且按照互联网的特点，积极改变企业内部结构和探索新的营销管理方式，网络营销应运而生。网络营销是以互联网为媒体，用新的方式、方法和理念实施营销的活动。

网络营销的出现为企业提供了适应网络技术发展与信息网络社会变革的新的技术和手段，是现代企业走入新世纪的营销策略，它能更有效地促进个人和组织交易活动的实现。企业如何在潜力巨大的市场上开展网络营销、占领新兴市场，对企业既是机遇又是挑战。

网络营销的产生有其在特定条件下的技术基础、观念基础和现实基础，是多种因素综合作用的结果。具体分析其产生的根源，可以更好地理解网络营销的本质。

1. 互联网发展是网络营销产生的技术基础

互联网是一种集通信技术、信息技术、时间技术为一体的网络系统。在互联网上，任何人都可以享有创作发挥的自由，所有信息的流动皆不受限制，网络可由使用者自由连接，任何人都可加入互联网，因此网络上的信息资源是共享的。由于互联网从学术交流开始，人们习惯于免费，当商业化后，各网络服务商也只能采取低价策略。这些因素促进了互联网的蓬勃发展。

随着经济的快速增长，中国互联网也得到了巨大的发展，网民规模不断扩大。互联网上各种新的服务，体现出连接、传输、互动、存取各类型信息的功能，使互联网具备了商业交易与互动沟通的能力。在企业利用互联网开展营销活动的过程中，网络营销显示出越来越多区别于传统营销模式的优势，它不再局限于传统的广播电视等媒体的单向性传播，可以与信息的接收者进行实时的交互式沟通和联系。网络的效益也随之以更大的指数增大，网络市场发展非常迅猛，机会稍纵即逝。

2. 消费者价值观改变是网络营销产生的观念基础

市场营销的核心问题是消费者的需求，随着科技的发展、社会的进步、文明程度的提高，消费者的观念在不断地变化，这些观念的改变为网络营销奠定了基础。企业如何利用网络营销为消费者提供各种服务，满足消费者更多的、不同的、不断变化的需求，是取得未来竞争优势的重要途径。这些观念变化可以概括为以下几点。

（1）消费更加追求个性化

现代人的消费越来越注重品位和质量，每个消费个体都有自己独特的审美观念和心理意愿。在过去的很长一段时期内，由于经济单一、产品短缺等多种原因消费者缺乏个性，而当今市场经济充分发展，商品丰富多彩，消费者可以以个人心理愿望和个性特点为基础挑选和购买商品或服务，消费者会主动通过各种渠道获取与商品有关的信息进行比较，增强对产品的信任和争取心理上的认同感。满足个性化需求、追求个性化消费已成为社会时尚和消费主流。

网络营销为消费者的个性化消费追求创造了机会，利用网络的信息跨区域优势，极大增强顾客对商品的选择性，能够更好地为顾客提供个性化定制信息和定制商品。

（2）消费主动性的增强

随着商品经济的发展，消费者越来越呈现出理性消费的趋势，要求主动性消费的意识越来越强，对传统的营销沟通模式往往感到厌倦以及持有不信任态度，会千方百计地主动通过多种渠道获取购买商品所需要的信息，并对信息进行分析、评估和比较，在此基础上作出购买决策，以此规避购买风险和降低购买后对商品的不满意度，提高对商品的信任感和认同感。

网络营销由于信息量大、精确度高，消费者可以进行即时的信息查询，而且网络沟通具有互动性，顾客可以通过网络提出自己对产品设计、定价和服务等方面的意见，大大方便了顾客收集信息及对信息的分析和比较，使顾客消费主动性得以增强。

（3）对购物方便性的追求及购物乐趣的获得

由于现代人工作负荷较重、生活节奏加快，消费者愿意把更多的闲暇时间用到有益于身心健康的活动上，希望购物方便，时间和精力支出尽量减少，而传统的购物方式除购买过程需要花费的时间较长外，往返购物场所也需要付出较多时间，显然不能满足顾客高效快捷的购物要求。

网络营销能够提高消费者的购物效率。通过网络，消费者能够获得大量的信息，足不出户就能轻松地完成购物，满足了顾客对购物方便性的追求。同时通过网络购物可以使顾客加强与社会的联系，在网络购物的过程中获得购物乐趣，因此网络购物受到了消费者的欢迎。

（4）价格仍然是影响购买行为的重要因素

虽然支配和影响消费者购买行为的因素很多，但是价格仍然是影响购买行为的重要因素。现代市场营销倾向于以各种策略来削减消费者对价格的敏感度，但价格对消费者产生的重要影响始终不能忽视。

网络营销具有明显的价格优势，网络营销由于降低了人工和市场开拓等费用，减少了中间环节，使产品价格的降低成为可能，消费者可以在全球范围内寻找价格最优惠的产品，满足了消费者对低价的追求。

综上所述，网络时代的发展，不断改变消费者的价值观，消费者对方便快捷的购物方式和服务的迫切追求及消费者最大限度地满足自身需求的需要，催生了网络营销，也促进了网络营销的快速发展。

3.激烈竞争是网络营销产生的现实基础

当今的市场竞争日趋激烈，企业为了取得竞争优势，总是想方设法吸引消费者，传统的营销已经很难帮助企业在竞争中出奇制胜了，市场竞争已不再依靠表层的营销手段，企业迫切需要更深层次的方法和理念来武装自己。

网络营销能够创造一种竞争优势，通过降低成本和提供差异化的产品和服务，可以争取更多的顾客，获取更大的商机。企业通过网络营销，可以节约大量店面租金、减少库存商品资金占用；可以减少场地的制约和限制；可以方便地采集客户信息等，这使得企业经营的成本和费用降低，运作周期变短、盈利增加。同时，企业通过网络营销可以提供适合顾客个性特点的产品，满足顾客的个性化需求，极大地提高了企业的竞争力。

因此，网络营销的产生是科技发展、消费者价值观的改变、商业竞争等综合因素作用的结果。

（四）网络营销与传统营销

网络营销作为一种新的营销方式，是建立在传统营销理论基础上的，由于网络必然对传统营销产生巨大的影响和冲击，但网络营销又不能完全取代传统营销，企业必须把网络营销和传统营销相融合，使其相互影响、相互补充、相互促进，使网络营销真正为企业目标服务。

1. 网络营销对传统营销的影响

随着互联网的普及，网络营销作为一种新颖的营销策略应运而生并发展壮大。受到现代信息技术和互联网技术的影响，网络营销无疑会对传统营销带来深远的影响。

（1）对传统营销策略的影响

①对产品策略的影响。网络营销的诞生与发展使得传统的标准化产品受到了前所未有的挑战。企业能够利用互联网在最短时间内获取各类产品和广告的市场反馈信息，同时也能全面评估不同客户的接受程度，这使其对消费者行为模式和喜好的追踪变得更为简单。在互联网环境中，消费者在一定程度上占据了主动地位，他们可以发出具有个性的需求信息，企业则按照他们的要求，为他们提供差异化的商品，以充分满足消费者多样化和个性化的需求。

②对定价策略的影响。由于网络营销可以大大降低经营成本，企业可以完全按照顾客的心理价位定价，更好地满足顾客的需求。

互联网有可能进一步促进国际价格水平实现标准化，又或是在一定程度上缩短不同国家之间的价格差距。当企业的某一产品价格频繁变动时，消费者可能通过互联网感知到这些价格的不同，进而对价格问题表现出不满的情绪，促使企业改变。与当前众多类型的媒体相比，互联网的存在会确保商品价格保持稳定并缩短差距，对于实施差异化定价策略的企业来说，这无疑是一个巨大的挑战。

③对传统促销活动的冲击。网络营销主要通过互联网发布网络广告进行促销，通过网络广告，传统广告曾经面临的各种阻碍都将不足为惧。

第一，与传统媒体相比，网络空间广袤无垠，使得网络广告不会在空间上受到较大程度的限制，从而有一定机会充分展示相关信息。

第二，由于网络本身所具备的独特性质，广告的呈现方式变得更为生动有趣、形象具体，利用网络进行的广告投放相较于传统媒体广告，更能吸引消费者注意力。

第三，广告效率的快速提升也为企业创造了更为便捷的网络运营环境。例如，企业借助互联网就有足够的能力以注册用户的购买历史为依据，迅速调整面向用户的广告内容；也能够根据用户的独特属性，如硬件环境、域名或他们访问时的搜索主题等，有针对性地向用户展示相应的广告内容。

（2）对传统营销方式的影响

互联网技术的飞速发展使得用户现在有足够的能力进行信息共享以及人与机器的互动，使得不同用户的个性化需求能够在较大程度上得到满足。在互联网技术不断变革的当下，营销方式将经历翻天覆地的改变，使得大众市场逐步走向崩溃，进而展现出个性化市场在未来社会中的重要性。之后，生产和销售都应根据每位用户的实际需求来进行。

①对顾客关系的影响。

网络营销为企业提供了重塑客户关系的机会。在网络营销过程中，各种类型的企业竞争都是围绕着客户展开的，在这一过程中如何吸引新的客户、保留现有客户、拓展更多客户，进而分析客户需求或创造新的客户需求等，都是现阶段诸多企业必须重视的。在制订合理可行的营销策略之前，企业需要密切关注世界各地的客户需求，并与之建立紧密的联系，之后利用优质企业形象强化客户对企业与网络营销的信任。在互联网时代背景下，目标市场、消费者群体和产品类别都经历了深刻变革。因此，企业需要积极利用多样化的营销手段，突破时间、空间、文化等方面的限制，重塑客户之间关系。

②对营销战略的影响。

第一，受到互联网的平等性和自由性等特性影响，网络营销可能在一定程度上削弱跨国公司的规模经济竞争力，这使得小型企业有更多的机会强化自身在全球范围内的竞争力。第二，因为每个人都可以轻松获取竞争对手的产品详情和市场策略，所以决定胜负的核心要素是通过对网络上各类数据进行获取、分析与应用，进而研究并实施具有明显优势的市场策略。在网络时代，策略联盟将成为主导的竞争方式，积极探讨如何利用网络构建合作联盟，并借此创造竞争上的优势，将成为各企业在之后发展中的核心经营策略。

③对企业跨国经营战略的影响。

由于互联网的影响，对于企业来说，开展跨国经营活动不仅变得更加方便，也变得尤为重要。互联网对于信息的传播并不会受空间限制，这也使得各企业进行全球营销的成本要比地区营销更低，这迫使企业必须开展跨国经营活动，了解各目标市场客户需求，用优质的产品和良好的服务赢得他们的信任，同时，还要通过网络安排好跨国生产、运输与售后服务。

（3）对营销组织的影响

因为网络营销的迅猛发展，企业理念出现了较大程度上的改变，企业内部网络也逐渐得到重视，最终形成了企业内外以网络为主要沟通方式以及主要信息获取手段的现状。这种情况无疑对传统企业的组织结构造成了严重影响，直接导致企业内部结构发生了显著变化。销售部门的人员数量锐减、经销商减少、组织结构扁平化等，在这一背景下，各种虚拟部门、虚拟经销商开始出现并逐渐增多。

随着企业内部网络的出现，企业的内部工作模式和员工的发展方式都发生了变化，这也意味着个人工作室本身所展现出的专业独立性会得到加强。现如今的居家办公、自由工作者、个人工作室、外包等行为越来越多，为此，企业就需要根据这个趋势调整组织结构。

2. 网络营销与传统营销的整合

网络营销，属于一种满足现代发展需要的营销策略与理念，这种营销手段能够利用互联网的特性对传统的经营模式带来深远的影响。但是，这并不意味着网络营销会完全替代传统营销。企业面临的挑战是如何将网络营销与传统营销有效地结合起来，确保两者之间能够彼此影响，共同进步。

（1）网络营销中顾客概念的整合

无论是网络营销还是传统营销，其客户群体在本质上并不存在显著差异，只是在网络条件下有许多传统营销模式所不能顾及的潜在顾客，企业在进行网络营销时，应当基于战略目的进行全面的细分市场和目标市场分析。

除此之外，网络社会也经常被形容为一个规模宏大的信息宝库。在这个庞大的网络世界中，世界各地存在着无数网络站点，每位在线用户时间与精力都有限，所以只能根据自己的喜好浏览其中的一小部分，为此，用户经常会使用搜索引擎来探索他们认为有价值的信息。在制订网络营销策略时，企业需要顺应时代发展更新传统认知中的顾客概念，将搜索引擎视为企业在当前的特定客户群体，这主要是因为搜索引擎是网络信息的最直接接收者。搜索引擎所选择的内容直接决定了网络用户能够接触的范围。很多将网络作为传播媒介的商品信息，被用户了解的唯一途径就是被搜索引擎选择。因此，在企业进行广告设计或在线信息发布的过程中，除了要深入了解网络用户的需求，还需要对计算机行为进行研究，从而正确认识针对企业特定客户群体的各种搜索引擎的相应规则。

（2）网络营销中产品概念的整合

在市场营销学的观点中，产品被视为能够满足人们某种特定需求的物品，其中包括核心产品、外观产品、附加产品。

网络营销对产品的概念进行了一定程度的扩展，认为产品是受到市场青睐，激发人们购买欲望的物品，并对整体产品的构成进行了一定程度细化，最终将其分为核心产品、一般产品、期望产品、扩大产品、潜在产品。

核心产品的意义与之前保持一致，并未改变。扩大产品也与附加产品没有任何区别，涵盖了与其他竞争产品不同的附加利益与服务。一般产品和期望产品是通过对旧有的形态产品做进一步细化之后得到的，其中一般产品指的是同类型产品所拥有的具体形态和特征，而期望产品则是指那些能够满足目标客户特定期望的属性与特征。潜在产品就是那些在顾客完成产品的购买之后所获得的额外的利益或服务，在之后的实际使用中，顾客能够发现其中存在某些对自身有着极强吸引力的利益或服务内容，并有针对性地对这部分内容进行享受，这表明，潜在产品属于某种程度上的服务创新。

（3）网络营销中营销组合概念的整合

在网络营销领域，产品的性质决定了营销组合的理念也会有所不同。

企业能够在互联网上直接对知识产品进行销售，与传统的市场营销策略相比，其营销组合经历了显著的变革。在知识产品的网络营销领域，产品、销售渠道和促销活动本质上都属于经过电子化处理的信息，它们之间的界限已经变得越来越模糊，联系却越来越紧密。现阶段对于价格的计算已经不再基于生产出的产品，而是基于消费者对产品价值的认知。而消费者在选择产品并对其进行价值评估的时候，常会被网络促销活动影响，所以网络促销模式越来越受关注。另外，鉴于网络上的大多数消费者无论是知识储备还是收入水平都比较优秀，所以网络促销中展现的信息量也远远多于传统促销。

尽管有形产品和某些服务无法通过电子方式进行传播，但在企业的营销活动中，可以通过互联网来进行各类信息的流通。与此同时，虽然传统的营销策略并未出现明显的改变，但价格却有着明显的变化，这主要是因为产品的价格主要由生产成本和客户需求决定，而与产品相关的各类信息能够通过网络进行传播，实现了企业成本的最优化处理。

存在于网络营销领域的市场营销组合并不是实质存在的，其本身为知识与信息的特殊结合，也是人力资源与信息技术相结合的体现。通过互联网技术，企业能够展出大量商品，并积极向顾客展现企业形象，加深顾客认识，扩大自身影响，借此获得更大的利益。

（4）网络营销对企业组织的整合

对于企业而言，要想适应网络营销的发展与进步，就需要进行全面整合，因此，对组织结构进行再造和优化已经迫在眉睫，在这一过程中，专门开展网络营销工作并与各部门进行协调的网络营销管理部门应运而生。这个部门与传统的营销管理部门在职能上有一定差异，其职责是通过网络为顾客提供关于企业产品的各类服务。随着网络技术的进步，企业也需要调整其内部的运营策略，并努力提升员工的能力和素养，形成与之相适应的企业组织形态。

网络营销作为企业整体营销策略中的组成部分，必须与传统营销整合，才能发挥网络营销的优势，更好地满足消费者的需求，促进企业的快速发展。

（五）农产品网络营销

随着互联网和电子商务的快速发展，农产品网络营销正成为农业产业的重要趋势。已有的销售方式已经难以保障农产品在市场上的竞争力，也不能满足消费者不断变化的购买需求。顺应时代发展潮流，不断更新农产品的网络营销策略，进一步增强农产品在市场上的竞争力并切实满足消费者需求极其重要。

农产品的网络营销主要是运用网络技术并借助网络平台，在线进行以农产品为主的市场营销。企业将传统的农产品销售方式从线下实体店扩展到线上店铺，并通过网络平台构建在线销售通道，使消费者能够利用电商平台、网络直播等途径进行农产品的购买，而借助网络平台，企业能够将农产品的信息进行广泛传播，进而不断加深消费者对于各类农产品的认识。

以农产品为主营项目的企业也有机会在网络平台上塑造自己的品牌形象，向外界展现其品牌核心理念，同时也能够与消费者建立紧密的联系。在加强品牌建设之后，企业可以充分提高农产品的影响力，能够获得更多消费者的信任。通过对消费者的需求和喜好进行深入分析，企业能够为消费者提供个性化服务。通过以消费者的历史购物信息为基础，企业能够为他们提供有针对性的服务，进而在较大程度上增强消费者的使用体验，也能够进一步获得消费者信任。

通过分析消费者的购买信息，以农产品为主的企业就有能力更为深入地了解当前市场的需求和之后的大致发展趋势，并据此开展有着精准目标的网络营销工作。企业会以自身获取的各方面信息为基础进行分析，并制订对应的销售战略和市场推广计划，以便增强销售成效。网络用户还可以在网络平台上分享他们对农产品的使用经验、意见与建议，还能与不同的用户进行沟通，由此就能够进一步提升用户对于农产品的信任感，并极大地增强品牌影响力。

第二节　数字经济与特色农产品网络品牌营销

信息技术和互联网的大范围普及，催生了电子商务，极大地促进了数字经济发展。很多产品从线下销售转变为线上销售，影响范围更广，成本也更低，在"互联网＋"背景下，网络营销模式逐渐得到了大范围推广和应用。在农业领域，为了顺应时代发展趋势，经营者将特色农产品与"互联网＋"有机整合，通过网络营销模式实现大范围推广和宣传。实际上，各环节还有一定欠缺，这影响着最终营销成果，亟待进一步优化完善。

在"互联网＋"的大背景之下，市场营销的模式经历了深刻的转变。传统的营销模式大多以线下为基础，现如今的网络营销则更多地依赖线上平台进行。网络营销模式要比传统的营销模式更能适应数字经济时代的具体需求。在特色农产品的网络推广方面，各企业可以采用先进的信息技术手段，利用网络服务客户，通过这一手段不仅能够进一步扩大农产品的销售范围，还能够强化客户的购买欲望。通过网络，用户能够更为方便地获取自己所需的各类商品。

一、品牌与品牌营销

品牌的历史源远流长。在古代，"品牌"是指烙在牲畜身上代表牲畜所有人的标志。早在远古时期，工匠在墙壁和各种器皿上进行标记，以展示他们的创作才华。在法国南部的拉斯科岩洞石壁上，就有野牛的图案，并刻有创作者的手印，经过测算，能够发现这些图案被创作于公元前 15000 年。在奴隶社会和封建社会，生产能力不断增强，人们对于商品交易的需求也逐渐增多。为了与其他商品或制造商有明确区分，人们开始采用文字或图形进行标记，这也进一步完善了产品在消费者心中的形象。北宋时期的济南刘家功夫针铺以白兔捣药图作为店铺的标记，两侧以文字"认门前白兔儿为记"提示顾客；欧洲中世纪时的陶工在陶坯底部印上象征产地的标记以强调产品的品质。无疑这些都是"品牌"的雏形。品牌可以向顾客完美展现产品的独特性，并使得不同制造商的产品能够获得有效区分，同时，它在商品的交换过程中也担任着至关重要的角色。

现代意义的品牌源于欧洲 19 世纪工业革命的爆发。随着工业革命的全面爆发，西方从封建社会进入资本主义社会，传统的手工生产方式已经难以适应时代发展，于是机械化的生产方式逐渐占据主导地位，这也极大地促进了生产效率的提升，与此同时，城市的发展提供了广阔的市场环境，在这种时代背景下，品牌的识别与传播功能逐渐明晰。为保护品牌和促进良性竞争，西方一些国家先后制定出一系列的法律法规，用以保障商品生产者、销售者和消费者的相关权益，商标法因此应运而生。法国是世界上最早出台了与商标相关的法律规定的国家，紧随其后的便是英国、美国、德国等国。总之，商标制度在 19 世纪末 20 世纪初风行世界，品牌被赋予了严格意义上的法律属性。与此同时，许多历史悠久的品牌都诞生于这一时期，如可口可乐等。

20 世纪以后，随着社会经济的发展与科学技术的进步，品牌逐步走向成熟，在品牌实践方面取得了极大的进展，对品牌理论的研究也逐步向专业化、纵深化的方向迈进。今天，经济的迅速发展使得各行各业的竞争都异常激烈，企业的商战策略也日趋复杂，品牌已不再是帮助企业异军突起的商战法宝，而是企业实现市场化生存的必由之路。它已经走入寻常生活，真正成为人们生活中的一部分。产品、服务可以拥有品牌，组织、地区、城市以及人都可以成为品牌。

在产品日益同质化、全球市场竞争日益加剧的现代，品牌本身所隐含的意义与价值也逐渐从物质维度逐步发展到了精神维度。它更加重视消费者的心理需求，深刻展现了产品或服务的竞争优势。它是基于消费者的视角，综合考虑了消费者、竞争者以及品牌本身的因素而得出的结论。它表达的是企业的产品或服务与消费者之间的关系，它是有形资产与无形资产的综合，它是企业拓展市场版图的有效途径。一般来说，品牌的核心理念比较稳定，但品牌的实施过程是一个动态的、双向的过程，品牌拥有者会根据目标消费者和竞争对手的情况来调整自身的品牌战略。总之，品牌对全球市场的格局产生着重要的影响，代表着消费市场的发展方向。

品牌可以被视为一种与商品相关的复杂标志，它融合了商品的各种属性、名称、包装、定价等内容。品牌的定义也是基于消费者对其使用感受和他们的个人认知来确定的，它较为完整地概括了品牌，但对于消费者在品牌中所起的作用、所处的位置并没有明确的体现。品牌的存在主要是为了将某一企业的产品或服务与其他企业进行明确区分，它强调了品牌的基本功能——识别与区分功能，而忽略了品牌的理念、文化、个性等内在因素。品牌被认定为无形的资产，主要在于它能为持有者带来额外的价值。品牌的来源包括与其他竞争对手的产品或服务加以区分的名称、标志或设计等，而其增值的依据就是消费者对各类载体的认知。

品牌营销的核心是通过特定的策略将企业产品的独特形象展示给消费者，并加深其记忆。品牌营销是一种专注于形成品牌效益的营销策略和流程，其中，为了实现最终目的，企业需要先了解消费者的具体需求，并以此为基础重点宣传相关产品的独特性质与质量表现等，从而使消费者能够在心底对这一品牌的价值产生认可，这样才能够产生品牌经济效益。品牌营销也就是将更高层面上的企业品牌形象与各方面良好特质展示给消费者，从而在其内心深处塑造与企业相关的品牌形象。对于品牌营销来说，最为重要的一点就是为品牌寻找一个与众不同、可以深深触动消费者心灵的品牌核心价值，以便消费者能够更为深入地了解到品牌本身的价值和独特性，它是推动消费者对品牌形成认同、喜爱等情感的关键。

二、特色农产品的品牌营销环境分析

（一）外部环境

对于我国来说，农业的存在是经济始终保持稳步增长的基础，因此在推动农业经济发展的过程中，应特别关注对于"三农"问题的处理，并通过乡村振兴战略进一步促进乡村产业转型升级工作的开展，最终实现农作物产量的增加与农民收入水平的提高。我们需要积极推进特色产业的发展，根据各地的实际情况促使乡村特色产业走向多元化，如推动特色产业发展，建设特色农产品优势区，积极落实农产品网络品牌营销策略。另外，还需要建立健全的特色农产品质量保障体系、商品商标保护制度。在数字经济的大背景下，努力为当地农产品打造具有地域特色的品牌。

（二）内部环境

在传统模式下的特色农产品推广中，品牌营销策显得过于单调和过时，存在诸多不足。大多数情况下，农产品的销售只在线下，但这种销售模式环节众多，极为复杂，直接导致了农民的收入水平明显降低。除此之外，许多特色农产品的生产者文化修养相对较低，营销观念也比较落后，他们对网络品牌营销方式缺乏经验，对于各类行业内最新动态并不关注，通常情况下会被市场限制，处于被动地位。尽管有些生产者试图采用网络营销策略来拓宽他们的销售领域，但他们并不重视品牌建设，没有知名品牌传播影响力，也就很难通过网络营销做大做强。现阶段我国的特色农产品种类繁多且品质上乘，但企业的市场推广能力仍然较低。为了解决这一问题，我们应当积极主动地将互联网技术与市场营销相结合，成功创造出有着较大影响力的网络营销品牌，以期进一步促进各类农产品的高质量发展。

三、数字经济时代特色农产品网络品牌营销的意义

（一）顺应时代发展趋势

随着数字经济的不断发展，以特色农产品为主体的网络品牌营销活动变得尤为重要，而构建有着较高知名度的网络营销品牌则是现阶段的关键任务。随着电子商务的飞速发展，网络营销策略也在不断被完善。目前，大部分农产品的销售模式已经从传统的线下模式转向线上模式。通过在线发布农产品的信息，减少中间环节，不仅可以降低中间差价，充分且合理地配置各类资源，还可以利用完备的物流配送体系获得更高的经济收益，进而有效促进特色农产品的发展。

（二）增强经济活力

过去的市场营销策略存在明显的缺陷，如价格信息模糊，这就极大地影响了消费者的购物体验。但在数字经济的背景下，网络营销策略开始被广泛采纳，消费者能够更为方便地通过网络进行购物，这无疑促进了网络营销行业的进步，也能够为我国经济发展注入新的活力。借助数字经济的发展，特色农产品在网络品牌营销方面取得了显著的成效，这对于提高我国农业经济发展水平十分关键。

四、数字经济时代特色农产品网络品牌营销的措施

首先，我们要重视网络营销领域的高质量人才培养，不断加深农民对网络营销的认识。在我国，网络品牌营销行业展现出了较强的发展潜力，所需求的专业人才也越来越多。为了更好地建设特色农产品网络品牌营销体系，就需要重视专业人才的招收与培养。各地方政府需要充分发挥其职能，组织专家进行网络营销的专业培训，并将他们的专业知识和实践经验分享给行业内的工作人员，从而提高网络营销团队的整体能力。为了鼓励更多的大学毕业生返回家乡并加入特色农产品的网络营销团队，需要制定一系列政策，为他们提供稳固的资源支持，并对表现积极的毕业生提供资金激励和政策扶持。另外，还需要组织农民积极学习与网络营销相关的各类知识与技术，加深他们对网络品牌营销的认识。之后还需要邀请表现优秀的农民向其他农民分享自身的经验，帮助农民正确认识特色农产品销售中互联网的作用，从而不断强化他们的网络品牌营销能力。

其次，要加强品牌意识，并进一步提升特色农产品在网络上的品牌影响力。随着数字经济的不断发展，信息的传递速度也逐渐加快，对于特色农产品而言，其品牌形象如何，对自身的销售情况有着极为深刻的影响。打造优质品牌并不简单，这是一项系统工程。在这一过程中，地方政府、企业需要通力合作，积极利用各类资源，通过政府的各项政策扶持，有效促进品牌推广，进而在一定程度上提高农民对于网络品牌的信任程度。政府还需要优化当前的融资环境，强化企业对网络品牌营销的重视并进一步提升其能力，以塑造特色农产品网络品牌。企业需要对网络营销模式的正面作用有清楚认识，并通过大数据的帮助进行精准营销，也可以积极参与各类网络特色农产品展览活动或比赛活动，进一步增强自身影响力。

随着新媒体平台的快速发展，直播营销逐渐成为一种受欢迎的销售模式。众多的网络主播和名人都参与其中，采用直播的方式来推广和销售产品，取得了非常显著的效果。直播平台成功地吸引了大量的农户和乡村企业，为了促进家乡的经济增长并帮助农户解决特色农产品滞销问题，很多地方政府部门的领导干部选择在新媒体平台上组织直播带货活动。这不仅让用户了解到了许多不熟悉的特色农产品，还极大地降低了中间环节的消耗，进而提高了农户的收入水平。高质量的直播内容能够吸引观众的注意力，强化他们对特色农产品品牌的认同。直播营销主要分为两大类：一种是通过将广告嵌入网络直播中来扩大其宣传范围，由主播在直播间进行特色农产品的推广，也可以将特色农产品的信息直接张贴在直播间中进行展示。另一种是与带货主播携手，由专业人士来详细介绍产品的信息，解答用户的疑问，并与他们进行在线交流，这对促进特色农产品的销售影响巨大。

再次，我们需要加大对村镇地区基础设施的建设力度，以便更好地开展网络品牌营销活动。随着数字经济影响力的扩大，为了充分加强特色农产品的网络营销品牌建设，应进一步完善村镇区域的网络基础设施建设，使各地网络营销工作能够获得优质且方便的服务，并以此为基础构建一个合理的网络营销体系。考虑到当前乡镇地区网络营销面临的挑战，政府部门需要重视当地的资金投入并根据需要进行一定程度上的增加，以便进一步优化当地的网络基础设施。通过完善的基础设施支持，网络品牌营销模式才能得到充分发展。同时，还需要根据实际需求来设立特色农产品的网络营销站点，使得农户和中小型企业都有机会加入其中，增强其网络品牌营销能力，并进一步扩大品牌网络销售范围。

最后，要把大数据技术整合到网络品牌营销的各个环节中。在大数据技术的支持下，农产品的网络品牌营销活动能更加精准地选择目标消费者，并开展市场推广活动。相关团队先采用大数据技术对关键地区进行深入分析，以评估该地区对特色农产品的购买意向。再对当地政府的年度报告进行分析，精准评估在该地区的市场推广活动能否获得显著的经济回报。还可以利用大数据技术对自身收集的关于品牌营销活动的各方面信息进行处理，进行可视化的数据分析，从而更好地帮助管理人员策划营销活动。

总的来说，在数字经济的背景下，我们需要对网络营销模式的优点和特性作深入理解与正确认识，之后再选择合适的品牌建设策略，不断增强品牌影响力，并进一步扩大其营销范围，提高其营销水平，从而实现农业经济的高质量增长。

第三节　数字经济与农产品电商营销

数字经济的健康发展能够促使经济结构不断优化，通过对大数据、云计算等技术的应用，充分实现消费结构调整与完善，使得电商营销模式得以健康发展。随着数字经济的不断发展，怎样借助电商营销进行农产品销售，已经成为影响当前农业发展的关键。

一、农产品电商营销的必要性分析

电子商务，就是利用计算机网络技术进行产品或服务的买卖活动。伴随着电子商务的不断发展，我国政府部门也越来越重视电子商务的营销策略，并发布了相应的政策进行扶持，这使得我国的电子商务环境得到了进一步的完善，网络营销方式也有了新的发展。由此，进一步促进了农产品的销售量增加。

第一，通过网络营销，我们可以不受地域和时间束缚，销售范围也能够扩大到全国乃至全球，随着销售范围的扩大，产品需求的波动性逐渐降低。在电商平台上发布农产品的相关信息，使得消费者可以方便地获取商品的详细信息。电商平台允许消费者在线购买商品，当消费者完成付款后，销售数据会直接传输至仓库。仓库的管理人员会按照这些信息的要求进行快递装箱，之后由快递员进行商品的配送。在消费者收到商品并确认无误之后，就会确认收货，之后平台方会将该商品的货款直接打给商家，由此，完成网络销售过程。在此过程中，产品的销售不再受到时间和空间的束缚，可以在网络上进行，从而大大减少了人工和时间的消耗，使得商家可以轻松地完成交易。

第二，在采用电商营销策略进行农产品销售的过程中，买卖双方都会在一定程度上被平台限制，要想确保预售工作不会被阻碍，就需要选择先进行交易再进行生产的营销策略，以进一步缓解销售的压力。很多农产品并没有较长保质期，甚至还有很多农产品的成熟时间相近或相同。当这些农产品上市之后，因为供应量过大，已经远远超出需求量，这将直接导致销售人员不得不进行降价销售，以便将积压货物全部出售。在这一背景下，电商营销策略可以合理解决这些问题，简单来说，就是通过预售来确保产品的单价不会因为市场供大于求而被压低，从而缓解了产品的销售压力。总的来说，网络销售模式在农产品销售方面发挥着极为重要的作用。

二、数字经济环境下农产品电商营销策略

（一）建立服务体制，强化基础建设

在政府政策的引导之下，农村网络基础设施的建设得到重视，并有效促进了农村信息化的发展与优化，使得农产品电商营销工作获得了较为优质的发展基础。除此之外，还需要进一步加强配套工作的开展，重视宣传，确保网络营销策略得到有效执行，为农民创造显著的经济收益，进而有效促进地区经济增长。在数字经济背景下，我们需要以网络营销策略为基础，进行服务管理体系的建设。确保信息能够快速更新，也能够及时传递给用户，充分利用网络营销的潜在价值。

（二）完善服务机制，更新电商营销模块

为了进一步优化服务机制，首先需要确保与农产品相关的各类信息是最新的，且这些信息能够快速传播。另外，若是与农产品销售相关的信息发生变动时，应立即在电商平台上对相关信息进行更新，使信息被迅速地反馈给平台，从而方便买家更好地了解农产品，使得买卖双方所获取的信息都是最新的，也是相同的。若是对农产品进行预售，就需要保证预售信息里的预售时间期限是确定的，还需要与买家就所购农产品进行细致的信息沟通。在农产品成熟之后，卖家就需要主动与买家交流，使其能够及时了解农产品的状态并及时签收。若农产品成熟时间超出买家与卖家所确定的预售期限，就需要由卖家及时与买家进行交流协商，以免损害自身良好形象与声誉。现阶段，我国所流行的营销模式涵盖了多个不同的模块，如批发模块、信息服务模块和电子商务模块等。其中，各模块因为数字经济环境的影响，需要及时进行更新与优化，以确保数据信息的准确性和其在实际应用中的参考价值。

（三）重视物流配送系统的建设

物流配送系统是农产品电商营销模式的关键组成部分。因此，企业有必要持续优化该系统，使其不仅能够充分满足市场营销的各种需求，也能够进一步落实系统化和一体化的管理策略，并保证物流配送的速度。因为很多农产品并不具备较长的保质期，所以建设物流配送系统极为重要。它的存在不仅能够进一步促进电商平台的营销利润增多，还可以确保网络营销中农产品的良好口碑不受影响，从而有效促进网络营销模式与农产品销售领域的深度结合。随着数字经济的不断发展，电商物流配送系统也应得到进一步优化，我们需要重点考虑以下几个关键因素。

第一，企业需要对农产品进行合理分类，并根据产品的详细信息来选择合适的物流公司。例如，对于那些保质期较短的产品，企业应该选择配送速度快的公司。除此之外，企业还需要统一管理各种农产品，同时也要对产品的包装设计重点关注。

第二，企业需要深入分析产品的流通路径，并根据实际需求对各路径进行整合。并且还需要建产专门的产品配送中心，确保客户下单后，仓储团队能够迅速与物流公司进行有效沟通，从而确保交易流程得以高效运行。

第三，企业需要与物流配送公司积极沟通，对各方的责任进行认定，以预防可能出现的纠纷。为了进一步提高农产品的配送品质和效率，某些地方政府强调农产品销售团队需要加强自身对物联网的了解，持续缩短流通链条，以确保农产品的高品质不受物流影响。

（四）保障标准化建设，重视新媒体宣传工作

为了确保农产品在电商平台上的销售流程能够无障碍地进行，企业需要高度重视标准化建设，对农产品的质量和包装进行规范，并从农产品的种植和生产等多个角度切入，提高产品的品质。随着数字经济的发展，为了增加农产品的销量，企业需要对产品包装进行一定程度的优化，以便产品本身所具备的优势能够得到充分发挥，以激发消费者的购买欲望。另外，宣传工作也是不可或缺的一环。在传统的销售模式下，产品介绍主要依赖文字描述，在新媒体快速发展的当下，短视频越来越容易获得消费者关注企业有必要将短视频与农产品的宣传活动相结

合，制作涵盖农产品生长、生产、运输等阶段的视频，并将其作为宣传视频，以便消费者能充分了解农产品的相关信息。

随着时间的推移，直播行业在多个领域都取得了显著的进步，特别是在电商营销领域更是一骑绝尘。企业需要根据当前的实际情况，积极开展与农产品相关的直播活动，并与营销团队紧密合作，通过直播持续扩大农产品在市场上的影响，使得越来越多的人对农产品更感兴趣，并进一步增强其市场竞争力。

（五）重视营销模式的创新

电子商务日趋成熟，以农产品为主的市场营销也获得了全新的发展方向，农民有机会利用电商平台进一步扩大农产品的销售覆盖面。另外，多个主要的电商平台也启动了助农计划，为农产品的市场推广开辟了全新途径。在这个发展阶段，主要进行农产品生产的相关企业也需要高度重视信息的收集和分析，持续与各电商平台沟通，积极展现产品特点，使得消费者能够享受到可靠的购物体验，借此不断塑造自己的优质品牌形象。企业还需要建立一个健全的服务体系，以确保能够为消费者提供优秀的售前、售中和售后服务，并对消费者的疑惑给予重视并进行解答。对于企业来说，唯有提供优质的服务，才可以获得消费者青睐，并增加农产品销售份额。

随着数字经济的不断发展，农产品生产者的传统思维模式已经严重落后于时代，为此，就需要积极利用大数据统计数据来丰富营销手段，并根据新生代消费者的消费习惯来增加产品种类，进一步发展与优化线上交易，以减少交易成本，增加产品交易量的目的，也能够借此充分展现网络营销的潜在价值。除此之外，为了进一步促进农产品的销售量增长，就需要由农产品生产企业与各电商平台协商，在各重要节日开展相应主题的活动，并通过发放优惠券等方式来激发消费者的购买欲望。同时，企业还需要与时俱进，积极创新营销策略，丰富活动内容，以充分利用网络营销的潜在价值。

（六）结合电商平台反馈的数据，做好农产品精准营销

通常情况下，发展一个有购买力的客户的成本是维护老客户成本的五倍。在数字经济背景下，进行农产品电商营销时，为了获得更多的客户，我们需要结合平台的反馈数据，制订有效的营销策略。简单来说，就是不仅要维护老客户还要

发展新客户，为此就需要与老客户保持有效沟通，同时也要关注新客户的获取。农产品的生产企业需要明确产品的市场定位，确定消费者群体，进而确定合适的电商平台，确保产品的市场定位与目标消费者的需求相匹配，从而提高产品的销售量。

（七）运用大数据技术引导农产品高质量发展

以农产品为主的电商营销面临着如质量监管体系不完善、供需不均衡以及物流运输效率低等一系列问题。为此，就需要借助大数据技术来解决这些问题，从而降低成本、拓展销售渠道、提高利润率。数字经济的发展使得政府各部门有机会推广大数据系统，并将其广泛应用于农产品的种植（养殖）、加工、销售等关键环节。通过大数据系统，我们能够根据各地农产品的实际情况，制订不同类型的农产品个性化产业发展计划。通过大数据技术获得的各种相关数据，能够帮助我们更为准确地进行产品定位，对农产品的市场营销策略也有着深远影响。所以说，从事农产品生产的专业人员应当高度重视大数据管理技术，并积极推动数字化管理的实施。根据数字经济的发展趋势，我们需要进一步优化农产品的营销模式，并依据政府的优惠政策进行产品的生产和销售，并积极推动农产品营销管理的智能化与现代化发展。

总体来说，数字经济有效促进了电商模式的发展。将这种模式与农产品的在线销售相结合，可以实现在线农产品营销。这种营销方式不会被时间与空间束缚，并充分提高了农产品的利润率。显然，以农产品为主体的网络营销属于农产品销售的未来发展趋势，企业需要高度重视这一领域，提高计算机管理的技术水平，确保电商平台的高效运营，并对当前农产品网络营销中出现的各种问题进行全面的优化。另外，为了最大限度地利用农产品的网络营销优势，企业还应当对物联网、大数据等技术进行重点关注，并在网络营销中对其加以运用，通过积极优化与网络营销相关的各个模块，更好地推广农产品，并确定目标群体，提高销售额，降低成本，推动农村经济发展。

第四章　网络背景下农产品多维营销

本章为网络背景下农产品多维营销，主要包括四个方面的内容，分别是网络背景下农产品绿色营销，网络背景下农产品品牌营销，网络背景下农产品文化营销，网络背景下农产品国际营销。

第一节　网络背景下农产品绿色营销

一、绿色营销

在全球背景下，我们正逐渐走上可持续的发展路径，世界范围内的很多企业也逐渐摆脱传统的市场策略，选择了更为环保的营销方式。现如今，可持续发展得到了各个国家的重视，其中，绿色营销作为企业推行可持续发展战略的关键，是 21 世纪的主要营销方向。

（一）绿色营销的含义

在绿色消费的推动下，绿色营销应运而生。绿色消费的定义是，当消费者认为环境的恶化对他们的生活产生了严重负面影响时，他们会要求企业生产和销售对环境影响程度最低的产品，以降低人类行为对环境的损害。绿色营销的定义是，企业将环境保护作为其核心的经营理念，以绿色文化为价值观念，以满足消费者对绿色消费的需求为重点的营销观念、营销方式和营销策略。

绿色营销的基本内容主要有：绿色营销观念；绿色工程及产品开发；绿色产品价格确定；绿色销售渠道；绿色促销策略；绿色售后服务等。

（二）绿色营销的特点

第一，绿色营销明显地带有"绿色"标志。企业在进行市场调查、产品定价、产品销售、提供售后服务等活动时，都与"绿色"理念紧密相关，并在整个营销活动中发挥了重要作用。

第二，绿色营销具有综合性的特质。绿色营销融合了生态营销和社会营销的理念，这有助于企业更好地满足消费者的需求，并实现全人类的愿望，它也在一定程度上展现了企业的生存和发展策略以及未来发展方向。

第三，绿色营销的基础在于消费者树立起了一定程度的"绿色"意识。为了提升自身生活品质，消费者开始追求健康、安全、清洁的生活方式与外部环境，在这一背景下，各种以"绿色"为核心理念的产品、营销方式等应运而生。

第四，绿色营销旨在确保资源可以实现可持续使用，并致力于生态环境的保护。我们需要重视对可再生资源的利用，并尽量减少对不可再生资源的使用，以避免对环境造成污染，从而切实完成保护环境的目标。

第五，绿色营销的根基建立在绿色产品和绿色产业之上。对于绿色产品的开发能够有效促进以"绿色"技术为核心的综合产业体系的建立。通常情况下，企业会专注于绿色产业中一个或多个产品的制造和市场销售。

第六，尽管各国对于绿色产品的标准存在差异，但它们都强调产品的生产、消费、使用、处理等环节必须遵守环境保护的标准，并确保不对生态环境和人类的健康造成伤害。

第七，企业需要切实维护人类行为和自然界的协调发展，进而充分展现自身"绿色形象"，以期有效推动企业的发展，并扩大产品的销售范围。

（三）现代绿色营销策略

绿色营销就是要以消费者的绿色需求为目标，通过绿色产品的生产和销售，满足消费者的绿色需求。企业在策划绿色营销活动时，主要的策略有以下 4 方面。

1. 绿色产品策略

绿色产品的开发与生产是绿色营销得以进行的基本条件，所谓绿色产品是指在营销过程中比目前类似产品更利于环境保护和消费者身心健康的产品。绿色产品与传统产品相比较，最大的区别是符合环境保护要求。这就要求企业在进行产品开发和生产时，要注意以下一些要求。

①产品在生产中应节约原料和能源，尽可能使用可再生的替代材料。

②产品在使用中应是安全、卫生，有利于人体健康的。

③产品在使用中不会造成环境污染，易于回收、重复使用和再生产。

④产品的包装应安全、合理，包装物应可分解，无毒性，可重复使用。

⑤产品的设计应考虑合理的使用功能，以及具有节水、节能、降低噪声、减少废气污染的功能。

⑥产品生产中应把好每一道工序关，对废水、废气、噪声等要进行有效的处理。

⑦产品报废后应易于处理、易于降解，不形成污染源。按照国际通行的做法，绿色产品就是那些带有绿色标志的产品。另外，各国确定的产品类别是各不相同的，规定的标准也有差别。

目前，绿色产品中最多的是绿色食品，即产自优良生态环境按照绿色食品标准生产实行全程质量控制并获得绿色食品标志使用权的农产品及相关产品。绿色食品包括五大类近千个品种，主要有粮、油、禽肉、蛋、鱼、水果、蔬菜等。

2. 绿色价格策略

所谓绿色价格，就是绿色产品在定价时，与传统产品相比较，多了一项环保成本的支出。绿色产品价格一般要高于传统产品价格，因为绿色产品含有绿色价值，它更符合现代消费者的需求，而消费者也认为绿色产品具有更高的价值，愿意为此付出较高的价钱。另外，企业进行绿色生产、销售，为此支付了大量的新技术研制费、环境保护治理费等。这些费用作为成本计入产品的价格中，必然使其价格高于非绿色产品的价格。而消费者，一般是希望产品的价格尽量便宜，所以，企业在确定绿色产品的价格时可采取以下策略。

①新产品价格策略。许多绿色产品本身就是新产品，企业可以采用新产品价格策略把绿色产品打入市场。

②满意定价策略。根据市场出现的相同或相似的绿色产品的价格水平定价，即随行就市定价策略。

③目标价格策略。根据企业预期利润收益，结合市场对该绿色产品的需求量和成本来确定产品价格的策略。

④心理定价策略。绿色产品常常可以满足消费者的某种心理需求，如自然、安全或时尚等。企业可根据这些心理需求的满足程度来确定产品的价格。当然，企业在确定绿色产品价格时应该注意以下问题。

一是在绿色产品的生产、销售过程中，在保证质量的前提下，应尽量降低成本，使之更具市场竞争力。

二是注意做好绿色价格的宣传解释工作，让消费者了解多付一些钱可以换来更多的安全利益和环境利益的道理，使之对绿色产品产生信任。

三是关注各地消费者对于绿色价格的接受程度。通常情况下，在经济比较发达的地区，消费者的文化水平和对绿色价格的接受程度都相对较高，而在经济欠发达地区，消费者的接受程度要低一些。企业在定价时应视当地接受程度而定。

在我国，目前绿色产品的定价主要体现在绿色食品和家用电器方面。其他行业如冶金、采矿、服务业、制造业等的环保费用支出基本上还是社会福利性、公益性的，暂时未纳入绿色产品定价体系。

3. 绿色渠道策略

企业在进行绿色营销活动时，选择有效的绿色渠道是整个绿色营销中的重要一环。绿色渠道应起到这样两个作用：一是实现绿色产品的市场流通，即顺利、安全、快速地把绿色产品从企业转送到消费者手中。二是在流通过程中应防止绿色产品被污染，保证绿色产品品质的完好。由于目前环境污染较普遍、较严重，因此严格把好绿色产品的分销渠道一关是相当重要的。企业制订绿色渠道策略时应着重注意以下几方面。

①中间商的选择标准是有着良好的绿色声誉，简单来说，就是在经营活动中不仅重视环保工作，也会为社会提供力所能及的服务，企业可以选择这一类中间商进行各类绿色产品的分销。

②通过设立专门的绿色产品柜台或实施特定的策略，向市场输出各类绿色产品，从而产生群体效应，使消费者更容易发现、了解、购买这些产品。

③绿色产品在实体流通过程中，应选择专用运输工具，即使用无铅油料且有防污染装置的运输工具，同时统筹运输路线，尽可能缩短运输距离等。

④应选择专用储存仓库和合理设置供应和配送中心，保证绿色产品的品质，降低资源耗费和货损量。

⑤相较于传统渠道,绿色渠道需要设置更为严格的管理措施,其中涉及对其绿色品质的持续监控与维护,从而确保绿色产品的生产、销售、使用等过程都被限定在绿色环境里。

4. 绿色促销策略

所谓的绿色促销策略,实际上是指企业为推广绿色产品而进行的各种促销活动的统称。这一策略的核心思想是借助大量信息的传递,来塑造企业自身与其所生产的各类产品的绿色形象,确保消费者的绿色需求能够得到满足,从而获得消费者的信任和认可。企业的绿色促销活动可从以下几方面进行。

(1)绿色广告策略

策划绿色广告就是要把绿色产品的信息传递给大众,说服消费者购买绿色产品,企业在策划设计广告时应注意以下几点。

①广告内容应充分体现绿色特征,着眼点应突出"环保靠大家,利益在个人",这样才能打动消费者。

②广告的信息应是可靠的、实事求是的,对不知情的消费者应诚实友好。

③避免进行过多的推广活动。对于绿色消费者而言,大规模地进行广告宣传本质上是一种严重破坏绿色理念的行为,因为这样做会导致材料浪费,甚至会对人们的感官造成污染。

(2)绿色公关策略

企业绿色促销活动的重点应放在绿色公关和营业推广上,二者常常联合采用。目前国外许多企业都特别重视开展绿色公关和营业推广活动,以促进产品的销售和树立企业的绿色形象。企业在策划绿色公关和营业推广活动时要注意以下几点。

①企业应充分利用传媒为企业的环保活动、绿色产品做宣传。

②积极参与社会绿色活动。例如组织社会环保宣传、参加有关部门组织的重大绿色活动,在社区中树立企业的绿色形象。

③热心赞助绿色环保事业。

④加强企业内部绿色宣传与教育,建设企业绿色文化,完善和执行企业内部有关绿色管理制度,表彰、奖励企业绿色营销活动中的优秀人员。

⑤主动与政府及环保机构进行合作,经常交流、反馈有关信息。

⑥开展大型绿色推销活动。采用赠送样品、现场表演等手段,致力于向消费

者普及环境保护和健康消费的知识，激发他们对绿色消费的兴趣，使其认同绿色消费理念并在之后的生活中践行这一理念。

二、农产品绿色营销

社会的发展过程，也是人类改造自然和利用自然的过程。人类在从自然界获取大量物质财富的同时，也严重破坏生态环境。工业社会的到来，更加剧了这一趋势。生态环境不断被破坏并持续恶化已经成为当前人类不得不解决的一个主要问题，它严重阻碍了人类的未来发展。基于此，人类必须对自身发展情况进行审视，并深入探讨经济增长与环境变化之间的关系，积极探索保护环境的有效途径。

现如今，为实现人类的可持续发展，一种创新的营销理念，即绿色营销逐渐崭露头角并受到人们追捧。相比于传统营销，绿色营销更为重视自身对环境的保护责任，并将企业和社会的可持续发展作为其根本目的。绿色经济在全球范围内发展得如火如荼，绿色营销在实际应用中展现出了巨大的活力，是现阶段企业营销的新方向。

国民经济依托于农业存在，农业的经济增长对于促进我国国民经济增长发挥着极其重要的作用。鉴于我国农业基础不尽如人意的情况，在其发展农业的道路上还需要积极处理如农业基础设施不完善、水资源匮乏、人均耕地面积有限以及生态环境易受到破坏等一系列问题，由此才能够实现我国农业的可持续发展。农产品之所以进行绿色营销，不仅为了实现农业可持续发展，同时还为了确保国民经济的健康、稳定、快速增长。

（一）农产品绿色营销的含义

农产品绿色营销，作为绿色营销的核心部分，是指旨在推动农业的可持续发展，为了确保农业经济和环境的共同利益与消费者的需求可以得到满足并实现和谐统一，农业企业积极落实环境保护职责，并以追求盈利为最终目标进行的市场推广活动。

从这一定义中，我们可以明确地认识到，农产品绿色营销的根本目的是实现农业的可持续发展，而要实现这一目标，关键在于实现各方利益的和谐统一。农产品的绿色营销是以环境保护为核心的营销方式，它不仅满足了消费者和社会对于绿色理念的追求，还为企业带来了可观的收益。

农产品绿色营销的深层含义是，在可持续发展的理念指导下，企业应该以社会责任、环境保护、资源利用等为基础，将绿色理念与农产品的生产、销售和售后服务等环节进行有机结合，培养消费者的可持续消费意识，推动企业走上可持续生产的道路，在满足消费者需求与社会利益的前提下，为企业获取更多的利润。绿色营销的核心目标是确保有限的农业资源得到高效利用，并实现企业的可持续发展。

（二）农产品绿色营销的特点

农产品绿色营销实际上是传统营销的进一步扩展和深化，从营销的角度看，它们之间并没有太大的区别，都涵盖了市场营销的调研分析、目标市场的选择以及市场营销组合策略的制订等内容。与传统营销相比，农产品绿色营销有其独特之处。

首先，绿色营销的核心理念是"绿色"，其主要目的是保护自然资源、改善自然环境、实现人类可持续发展、重视对污染的防治，以及对资源的重复利用。除此之外，也极为关注对新资源的探索与开发，以确保全人类利益得到保障。

其次，绿色营销所处的环境应当是"绿色"的，这要求企业所处的环境必须具备优秀的自然条件和人文氛围。对于自然条件，社会有责任为企业提供不受污染的土地与水等资源；对于人文氛围，企业需要构建一个积极健康的企业文化。

再次，绿色营销的各个环节都是以"绿色"为核心的。这意味着在产品的生产、营销以及消费者的购买消费等过程中，企业需要高度关注对环境产生的影响，并在营销过程中重视"绿色"形象的表现。

最后，绿色营销所推广的产品具有"绿色"特质，这些产品或产业应当具备节约资源、安全性高、无环境污染等多方面的优点。

（三）农产品绿色营销的意义

1. 农产品绿色营销对社会的意义

首先，农产品绿色营销不仅有助于构建生态社会，还对社会的稳定和长期发展有着积极作用。为了实现社会的可持续发展需要确保社会与自然之间和谐统一。当企业实施农产品的绿色营销策略时，不仅有助于对生态环境进行保护，还能进一步促使社会与自然之间建立和谐共生的关系，进一步推动社会的进步。

其次，通过农产品绿色营销，我们可以更合理地分配农业资源，以便从中获取更多的效益，进一步推动农业经济的增长。农产品绿色营销能够帮助农业生产更高效地利用稀缺资源，并将有限的资源投入人类经济发展中。

最后，积极落实农产品绿色市场策略有助于进一步推动新型绿色文明的进步。绿色文明主要表现为一种以实现人与自然和谐相处为最终目标的新型文明形态。与现在及过去存在的很多文明模式相比，绿色文明不仅能够表现出更高效率，同时也象征着人们对于更深层次的公正理念的追求，人们不仅想要保证当代人的生存环境的有效维护，也想要切实保障后人的生存和发展权利。绿色文明所涉及的生产、生活和思考模式都极为新颖，当它与现代工业文明体系进行结合之后，彻底改变了旧有理念，转而走向重视自然环境与可持续发展的道路。在实施农产品绿色营销策略过程中，我们能够有效平衡"企业—环保—社会发展"的关系，更深入地体验和实践这三者之间的协同作用，通过将这一策略研究内化为人类自觉行为，就能够进一步推动绿色文明的进步和社会文明的发展。

2. 农产品绿色营销对农产品企业的意义

（1）农产品绿色营销有利于企业提高经济效益

农产品绿色营销能够帮助企业极大地减少运营成本。农产品绿色营销强调，禁止对农产品进行过度包装，重视农产品储存容器的多次利用以及对不可重复利用物品的绿色处理。这些措施都有助于减少企业的生产开销，并通过有限的质量管理费用帮助企业获得更多的利润。总的来说，这种循环经济的模式能够充分利用相关资源，也能够减少资源的浪费，使得企业的长期成本得到进一步降低。再者，通过农产品绿色营销，企业可以获得可观的盈利。近年来，消费者对"绿色"的认识逐渐加深，对于企业来说，一个前景广阔的绿色农产品消费市场已然出现。利用农产品绿色营销，企业不仅可以获得更多的市场份额，还能够获得巨大的经济利益，从而确保了自身的可持续发展。

（2）农产品绿色营销有助于建立良好的企业文化

企业文化，作为企业的核心价值观，对员工的行为起到了一定的引导作用，一个健康的企业文化可以使员工更有激情地开展各项工作。农产品绿色营销强调企业对自然环境的关心、对人与自然和谐发展的重视，这将进一步促进企业对积极的组织态度、高尚的组织价值观和理想的组织形象的塑造，还能促进企业文化的健康发展，充分强化员工的归属感和团结意识，从而提升员工的道德标准和忠诚度。

（3）农产品绿色营销有助于树立良好的企业形象

在当前市场竞争愈演愈烈和环境保护迫在眉睫的背景下，企业若要保持强大的竞争力，就需要塑造一个绿色企业的形象。对于人民群众而言，企业形象的评估不仅包括产品价格、品质，以及售后服务，还包括该企业对于保护环境的重视程度。通过农产品的绿色营销策略，企业能够塑造出积极的品牌形象，这不仅有助于企业获得更多的客户，还有助于企业开拓更广阔的市场，不断加强企业、消费者、政府、社会的联系，有效促进企业的可持续健康发展。

（4）农产品绿色营销能成为企业竞争优势的来源

实行农产品的绿色营销策略，不仅可以帮助企业提前抢占市场，从而提高企业的市场占有率，而且能够进一步优化企业的市场定位，使之与其他竞争者表现出明显差异，从而获得较大的竞争优势。农产品绿色营销有助于企业顺利跨越农产品绿色壁垒，实施国际化经营。农产品绿色营销能够帮助我国农业企业在农产品国际市场竞争中发挥自身优势，是21世纪中国农产品进入国际市场的绿色通行证。同时，落实农产品的绿色营销策略不仅可以形成企业的核心竞争能力，还能对其进行一定程度上的强化。

三、网络背景下农产品绿色营销的困境与策略

一直以来，农业始终是我国的核心产业，甚至到如今，农业仍然在我国的诸多产业中占据着主导地位。在科技进步、人们生活品质提升，以及人们的健康观念不断增强的背景下，绿色农产品得以诞生并逐渐为人熟知。为了更好地管理绿色农产品，政府先后制定并施行了一系列政策，从而对绿色农产品的相关标准加以明确。绿色农产品就是在不破坏农业生态环境的基础上，基于生态学和可持续发展原则所产出的无污染、营养价值高的农产品，其中包含了瓜果蔬菜、鸡鸭鱼肉等。在绿色农产品的生长过程中，对化肥、农药等化学品的使用剂量有较为明确且严格的规定，以确保能够在满足消费者需求的前提下，尽量减小对环境的影响。但是，我国的绿色农业在发展上尚且与发达国家有着较为明显的差距，不管是我国的绿色农业覆盖面积，还是技术能力等方面都存在巨大的提升潜力。

在多数情况下的种植与养殖中，常常会使用农药、化肥，或含有增肥剂、生长激素的饲料，以期进一步缩减种植或饲养的时间，降低成本，提高经济效益。在现代社会，农产品对农药、化肥、激素等依赖过度，直接导致农产品农残超标的问题频繁出现。由于城市化进程的不断加快，全国各地广泛开展建筑施工，直接导致土壤中的金属元素含量超标，这使得食品安全问题成为对人类健康构成严重威胁的主要因素之一。在生产绿色农产品的过程中，对农药、化肥、激素等的使用和残留，都有着明确的规定，只有满足要求的农产品才被允许投入市场。这些要求也直接导致绿色农产品的生产成本比普通农产品更高，且耗时长、产量少、价格高。对于农产品而言，无论其本身为普通的农产品还是绿色农产品，都需要面临售卖的问题，并且它们都有季节性特征，也有着特定的收获期限。由于消费者对农产品的新鲜度有着较高的要求，所以绿色农产品在销售过程中通常会出现价格不稳定和滞销的情况。另外，绿色农产品在不同地区有着显著的差异性表现。首先，由于地域差异，各地的资源禀赋也会限制当地种植和养殖的品类，某些高品质的农产品都有其特定的生产区域。其次，相同的农产品，因为生长地区的不同，使其收获时间、产品品质、产品价格等方面都有区别。除此之外，因为农产品本身有着季节性的特征，所以会在某一时间段进行产出，不同类别的农产品也会存在地域性特征，这就直接导致绿色农产品的种植（养殖）与投放市场都需要有缜密的计划安排，以确保各类绿色农产品不会因为某段时间投放市场量突然增多而滞销。

粮食为生命之本，食品的安全应被始终放在首位，食品的安全直接关系到国家的稳定和民众的生活。现如今，生活水平逐步提高，人们对于健康的重视程度也与日俱增，人们对绿色健康食品的需求也不断增加。一方面，我国的农产品供应数量庞大、种类丰富，那些满足基本温饱需求的农产品已经达到了供需平衡，甚至出现了供大于求的情况。另一方面，随着消费者需求的变化，高端农产品消费市场有着极大的发展潜力，消费者的关注点已经不再局限于满足基本温饱需求，而是开始追求吃得好、吃得健康。绿色农产品越来越受消费者青睐，绿色农产品的市场需求巨大，有着广阔的发展空间。随着乡村振兴战略的不断推进，我国对于农业和农村发展的重视程度与日俱增，各类农业企业依赖于政府的政策支持，为市场供应了大量健康、环保、优质的农产品。随着互联网信息技术的持续发展，绿色农产品的销售渠道变得更为多样，市场空间也得到了进一步的拓展。

随着时间的推移，我国的可持续发展战略得到了进一步深化，与此同时，人民群众对健康的重视也与日俱增。绿色农产品因其绿色、健康逐渐受到越来越多人的欢迎，而绿色农业也逐步成为我国农业发展的重要方向。绿色农业是一种将生态、社会和经济三重效益融合在一起的创新型农业产业，这一产业不仅彻底改变了农民的生产模式和消费者的消费习惯，还重新塑造了消费者对健康的观念并改变了人们对社会和自然环境的理解。庞大的互联网用户基础和全球先进的通信技术共同为绿色农产品在互联网上的营销奠定了坚实的基础。所以说，研究如何结合互联网平台和绿色农产品的特性来制定营销策略是至关重要的，由此可以发展出更多的销售途径，并探索出更丰富的销售方法，从而促进绿色农业的繁荣发展，以达成乡村振兴的目标。对绿色农产品的热衷和绿色观念的普及同样有助于推动农业的健康发展，也能更进一步地实现人与自然之间的和谐共生。

（一）网络背景下绿色农产品营销的困境

首先，信息的不对称造成市场的信任度相对较低。绿色农产品因其无污染、质量高、绿色健康的特点，深受广大消费者的喜爱。由于绿色农产品产量较低，因此市场投放量小，价格过高，并且网络信息存在不对称的问题，直接导致消费者对其信任度极低。在销售渠道的选择上，普通的农产品与绿色农产品并没有明显区别，这就直接导致消费者很难用肉眼分辨，因为有些不良商家使用质量差、有化学物残留的普通农产品冒充绿色农产品，所以消费者对绿色农产品充满了不信任，使得很多绿色农产品难以打开销路。尽管许多瓜果蔬菜、粮食肉类都声称自己是绿色农产品，但消费者对于产品的生长、生产、销售等过程中对于农药、化肥、激素等化学品的使用量是否严格遵守相关标准并不清楚，所以这些农产品能否真正满足"绿色"要求仍不能确定。

其次，产品的定位不明确导致其在市场上的竞争力不足。与普通的农产品相比，绿色农产品对农药、化肥、激素等化学品的使用有着明确规定，因此也直接导致绿色农产品的生产需要极长的生长周期，虽然其质量高但是产量很低，这也使得这一类农产品的销售价格比较高。在当前的农产品销售当中，大部分的绿色农产品会与普通农产品共享销售渠道。绿色农产品的经营模式、营销手段、包装设计等方面都没有较为突出的表现，尽管绿色农产品受到消费者欢迎，但是其销售情况却不理想，不具备较强的市场竞争力，极易陷入口碑很好但销量不佳的泥沼。

最后，对于大数据技术的应用不够充分。绿色农产品的网络营销没有充分地推进。尽管我国农村的特色农产品种类繁多，但是因为没有合适的销售途径，其产业化发展的目标难以达成。因为互联网的存在，电商模式得以诞生，绿色农产品有合适的途径被投入市场。现阶段的绿色农产品在生产和经营方面的技术投入过少，以消费者需求为核心的营销理念尚未完全建立，各企业对于大数据技术的应用也不够充分，绿色农产品的网络营销还没有得到有效推广。观察绿色农产品的当前发展状况，我们可以发现其在互联网营销、品牌塑造、造型设计等多个方面仍存在很大的发展潜力，同时其生态和文化价值也有待深化。

（二）网络背景下绿色农产品营销的策略

《"健康中国 2030"规划纲要》中明确指出："建立食用农产品全程追溯协作机制，完善统一权威的食品安全监管体制""健全从源头到消费全过程的监管格局，严守从农田到餐桌的每一道防线，让人民群众吃得安全、吃得放心"。[①] 所以说，需要实现绿色农产品的生长、生产、营销、消费等流程与互联网的结合，以便消费者能够更好地了解绿色农产品在不同阶段的质量表现。

首先，需要对产品的全过程信息共享机制进行完善，并构建一个合理的追踪系统，以确保绿色农产品生产销售的各个环节都能够清晰可查。对于消费者而言，若是与绿色农产品相关的信息不能保证清晰可查，就很难确认自己所购买的是不是真正的绿色农产品。为实现这一目的，就需要将现代信息技术与农业生产深度结合，将各个环节进行数字化处理，实现农产品信息的共享。在对绿色农产品进行质量监管的过程中，不仅需要对其进行质量标准的制定，也需要建立一个完善的安全生产流程追溯系统，实现绿色农产品各环节信息的共享。消费者可以利用互联网加深自身对绿色农产品信息的了解，与此同时，生产与销售农产品的企业也能够通过互联网广泛收集消费者信息，了解其购买喜好，有针对性地提供商品，

---

① 新华社 . 中共中央和国务院印发《"健康中国 2030"规划纲要》[R/OL].（2016-10-25）[2024-2-5].https://www.gov.cn/zhengce/2016-10/25/content_5124174.htm.

从而提高他们的购买意愿。消费者对于绿色农产品的信赖程度会有所提升，也能够进一步培养他们的购买习惯。

其次，需要对产品的市场定位有清楚认识，并实施差异化定价的策略。对于绿色农产品的生产者而言，在保证产出质量的前提下，若是不能以合理的价格售卖，那么他们就没有继续进行绿色农产品生产的动力。另外，对于国内经济比较发达的城市而言，绿色农产品的受欢迎程度比较高，这些城市将在未来成为绿色农产品销售的主要场所。通过网络电商平台也能够进一步扩大绿色农产品的销售范围。所以，我们需要对产品、市场、消费者都进行深入了解与分析，再给出明确的定位。还需要对绿色农产品进行简约的包装设计，标明各产品所含营养成分并承诺无化学物残留，之后再基于各项因素对产品进行合理定价。

再次，利用大数据分析手段，塑造绿色农产品的品牌形象。大数据分析手段可以帮助企业更为深入地了解消费者信息，明确其购买偏好。从而开展有针对性的绿色农产品营销活动，更有目的性地改进产品并进行市场推广，同时基于产品的独特性来塑造绿色农产品的品牌形象，推动具有地方特色的农业发展，通过网络推广策略来进行产品的宣传，实施具有针对性的市场营销策略。品牌建设是确保绿色农产品高质量和高价格的关键手段，我们需要深入探索绿色农产品的生态和文化价值，明确品牌的独特之处，并努力创建一个在市场上具有一定知名度、好评度和竞争力的绿色农产品品牌市场。

最后，我们需要构建一个多途径、多维度的网络营销模式。随着网络营销平台的飞速发展，利用网络平台进行绿色农产品的销售以及构建新型营销模式已经成为一种不可逆转的趋势。各类绿色农产品企业正在通过各类网络渠道积极推广产品，并利用直播热潮开展产品的宣传工作。可以结合线上和线下的策略，塑造和宣传绿色品牌，并为消费者提供定制化的服务，还可以组织有特色的主题活动，以提升消费者的购物体验。另外，体验营销也进一步提升了当前时代背景下的消费者购物体验，并使得互联网农业的发展更有活力，使传统商业模式获得了新的发展机会。以认养农业模式为例，消费者可以认养农作物或畜禽，此时他们拥有该产品的所有权，这种模式特别适合出现在高端领域。此外，也能够积极落实可视化农业，其根本目的就是使农产品的生产过程更为透明，方便消费者了解，通过设计全面且透明的可追溯系统，使消费者能够了解到更多绿色农产品的信息，实现买卖双方信息对称。

第二节　网络背景下农产品品牌营销

一、品牌营销概念与步骤

（一）品牌营销概念

简单来说，品牌营销主要指的是通过特定的策略将企业产品的独特形象深刻地传达给消费者。品牌营销是一种营销策略和流程，其中企业根据消费者对产品的具体需求，通过推广产品的质量、文化价值和独特性，促使消费者在心目中构建关于品牌的价值认同，最终成功获取与品牌相关的经济效益。

品牌营销是利用市场营销策略，帮助目标客户对企业的品牌、产品和服务进行深入了解并最终加以认同。品牌营销的根本目的就是将企业的品牌形象等方面向消费者进行展示，从而加深消费者对其的了解。

品牌营销的核心思想是为品牌寻找一个与众不同、能够触动消费者心灵的品牌核心价值，这种价值能够使消费者对品牌的价值和独特性有着足够的了解，它是促使消费者对品牌产生认同的关键。

（二）品牌营销步骤

1. 品牌评价

品牌评价是指通过各种新闻媒体发布品牌的评价信息，以展示企业的品牌形象，向主管部门、投资者、终端消费者展示企业实力和发展能力，促进企业综合参考价值的提升，并通过公允价值细分评估方案，实现资产股权资本运营。

在构建品牌之前，经营者需要先对产品的核心价值有足够深入的了解。主要涉及以下几个方面的内容。可以为顾客带来何种价值？该产品位于哪一个特定的行业或领域内？存在哪些长处与短处？对于经营者而言，需要对品牌评价的根本目的有明确认识，这主要是因为品牌的战略定位和发展方向需要以此为基础才能够变得更为明确和清晰。

在进行品牌评价时，应综合考虑软硬件、市场竞争者、商业氛围、消费者表现等内容。若是只以彼此之间交流沟通之后的内容作为分析评价的佐证是缺乏客观性的。在品牌评价中，人们意识到建立品牌以及从消费者视角进行思考对于该项工作有着较大的影响。通过对客户的调研，企业可以深入了解品牌的具体表现。

2. 品牌承诺

品牌承诺就是企业以客户的角度，对所享受产品或服务后渴望获得的功能和情感效果作出的承诺。一个品牌向消费者作出的承诺，反映出一个企业的经营理念、品牌创造的精神与原则。

产品营销元素是产品中不可分割的部分，包括核心产品、形式产品、产品标准。一是，使用价值；二是，产品的外观；三是，产品承诺。优秀品牌必须严格落实产品承诺，甚至是精神承诺，因为精神承诺是最重要的承诺。

由此可见，品牌承诺的核心除了产品承诺还有更深层次的精神承诺，就是与消费者在不同的地方、不同的时间沟通，与产品发生共鸣，继而使产品有更深远的意义。

3. 品牌规划

品牌规划的核心是塑造优质品牌，并以此为基础制订企业的经营策略。关于品牌规划，企业需要确立明确的目标、方向、基本原则、战略指导，最为关键的是塑造一个独特的品牌形象，并为未来的品牌策略制订相应的标准。

要通过合适的图形标志和文字信息，表达清楚品牌给顾客带来的中心利益，把这些好处清楚无误地告诉所有人。

品牌的说明、名称、包装设计、口号以及背后的故事虽然彼此独立但也有着较强的联系，为了获得消费者的认可，就需要实现上述五部分内容的和谐统一。值得注意的是，品牌规划的功能比较多样，涵盖了促销、公关和广告等多个方面，更重要的是其在品牌推广和传播方面发挥的作用比较明显。

广告和设计公司负责策划和设计与品牌相关的图像，撰写文字传播方案，其中不仅需要展现出产品的故事背景，还需要帮助消费者进一步加深对产品内涵的理解。产品的包装设计和推广都应以品牌理念为核心。

4. 品牌文化

通过给予品牌多姿多彩、丰富而深刻的文化意义，来建立鲜明、独特的品牌定位就是品牌文化。建立品牌的文化从而使消费者对品牌有忠诚的情感，在精神上对品牌高度认同，需要通过充分利用强烈、显著的内外传播途径。

品牌文化战略需要培育品牌文化，即通过多种途径传播品牌的核心价值观，在品牌核心价值体系的指导下建立一个品牌文化。采用营销策略来塑造强大的品牌形象，并借助此策略提高消费者对该品牌的信赖程度。企业可以将品牌文化战略划分为产品品牌文化与企业品牌文化两种品牌文化战略。产品品牌文化就是以产品品牌为基础诞生的特定品牌文化，而企业品牌文化主要指的是在企业品牌的基础上进一步塑造出来的文化。

企业文化需要制定一个方针，在实践中作出全面的计划和安排以巩固有关品牌文化方面的成果。

二、农产品品牌营销优势

第一，丰富的农产品资源。我国是农业大国，有着丰富的农产品资源。无论是粮食、水果、蔬菜、畜禽产品等都具有很高的品质和独特的特点。这使得我国农产品品牌营销可以有多样化的选择，更容易树立起自己的品牌形象。

第二，多元化的农产品市场。随着国内经济的发展和人民收入水平的提高，我国的农产品市场也越来越庞大。庞大的人口基数，上亿的中等收入群体和规模不断扩大的中高收入群体，为农产品品牌的销售提供了广阔的市场空间。

第三，优质的供应链体系。农产品品牌的成功离不开供应链的支持。我国在农产品供应链方面已经建立了较为完善的体系，能够保证产品的质量和安全。从农田到餐桌的全程质量追溯体系和配套的冷链物流系统，都为农产品品牌的形成和推广提供了保证。

第四，传统的农业文化底蕴丰富。中国有着悠久的农业历史和丰富的农业文化底蕴。这些传统文化元素可以被巧妙地应用到农产品品牌的塑造中，赋予产品独特的文化内涵和情感价值，提升品牌的吸引力和影响力。

第五，国内外市场需求的变化。随着人们生活水平的提高和消费观念的转变，农产品市场的需求正从简单的满足口腹之欲向更高层次的营养、健康、安全、生态、品味等方面转变。这为农产品品牌提供了更多的发展机会，也要求企业更加注重产品质量和品牌形象。

第六，科技进步的支持。我国农业科技水平不断提高，一系列的科技成果和技术创新为农产品的生产质量和品牌形象带来了积极的影响。与此同时，科技的发展也为农产品品牌的营销提供了新的手段和途径，如品牌宣传、电子商务等。

第七，政府支持政策。政府对农业和农产品品牌的发展高度重视，出台了一系列支持政策和措施，如《农业品牌精品培育计划（2022—2025）》《中华人民共和国农产品质量安全法》等，为农产品品牌提供了良好的环境和政策支持。

总的来说，我国农产品品牌营销具有丰富的资源、多元化的市场、优质的供应链体系、丰富的农业文化底蕴、可借助变化的市场需求、科技进步的支持和政府的政策支持等优势。利用这些优势，我们可以更好地推动我国农产品品牌的发展，提升品牌的竞争力和影响力。

三、网络背景下农产品品牌营销推广

（一）农产品品牌营销推广发展现状

首先，需要进一步强化品牌意识。我国的农业资源数量与种类都很多，这也对我国迈向农业现代化以及塑造农产品品牌提供了保障。虽然我国农产品种类繁多，不同地区的农产品也都有其独特之处，但很多生产者并不具备品牌营销思维，我国很多地区对农产品品牌的建设并不很重视，这也极大地削弱了农产品的市场竞争力。造成上述问题的原因是传统营销观念的制约，很多地区并不具备该领域的专业人才资源，且很多生产者通常只关注销售渠道，并不关注品牌影响。还有部分地区因为不重视农产品品牌营销，导致市场上出现了假冒产品，对农产品生产者的长期发展造成严重负面影响。

其次，品牌的竞争优势迫切需要加强。随着乡村振兴战略的推进，各种助农政策、优惠措施得以颁布与落实。因此，我国的一些地区开始走上绿色转型的农业发展之路，在此过程中，不断对旧有农业产业结构进行调整，并进一步强化对农产品的开发和建设。在这一发展过程中，逐步构建了一个具备地域特色、较大品牌影响力和高效益的农产品发展体系。对于致力于农产品发展的农户，政府提供了一系列的惠农政策，关于品牌推广，不仅使用了传统媒体手段，而且大量使用了新媒体手段，极大地提高了当地农产品品牌的建设程度，并不断加大推广力度。但相关农产品的市场竞争力仍有很大的提升空间，这主要是因为它受到了地域、地形、资源禀赋等客观因素制约，一些地区的农产品产量偏低，难以大规模生产。尽管这些地区的农产品具有一定的知名度和品牌影响力，但仍然不能满足市场需求。领一些地区的特色农产品品牌存在严重的同质化问题，而且经营者在品牌推广和营销方面的资金投入极少，大大削弱了该地农产品的市场竞争力。

最后，农产品品牌营销与管理工作需要作进一步优化。某些地区的农产品品牌并不会对营销和管理进行长远规划，也不会深入了解当地的市场趋向，不能够针对消费者需求开展工作。尽管某些地区对于传统农产品品牌进行了规划，但各类规划措施并没有顺应市场变化进行调整。很多时候会过分强调品牌形象，却不重视农产品本身，也不对品牌概念进行创新调整，不对旧有营销路径作进一步优化，进而直接导致农产品的前期品牌营销和后期管理无法有效配合，营销效果极差。这使得部分地区的农产品品牌不能够将自身影响力扩大到其他地区，难以被更多的消费者了解，这就严重限制了当地农产品的发展。

（二）网络背景下品牌营销推广在农产品发展中的意义

在互联网的背景下，不断强化农产品的品牌营销有助于充分调整我国农产品的需求结构，并极大地推动农业的现代化进程。现阶段，我国的农产品生产已经步入了一个新的发展时期，接下来的发展目标就是满足消费者对农产品越来越多样化和个性化的需求。随着我国人民收入水平的提高以及人们对于绿色健康的向往，他们不再只追求满足温饱，也开始追求无污染、无激素的健康农产品。在社会主义市场经济的背景下，企业需要最大化地利用资源分配中市场所发挥的重要作用，以不同阶段人民群众对农产品的需求为依据，对生产结构进行合理的优化，使消费者能够稳定获取足够的高品质农产品。

在网络环境中，农产品品牌的营销策略最突出的特征是数字化的传播手段，在数字化平台诞生之后，这一特征尤为明显。传播方式逐渐转向数字化的根本原因，是互联网技术的飞速发展与广泛应用。通过数字化手段，农产品的各类信息可以被存储在数字编码当中，由此就能够更方便开展农产品品牌的营销活动。依托于网络环境存在的品牌营销要比传统的营销方式更为重视对数字化手段的应用，如可以利用短视频、直播等方式，使消费者能够更为清晰、准确地全面了解与农产品相关的信息，使农产品能够在这一营销模式下获得更多的经济利益。

随着互联网得到广泛应用，农产品品牌营销活动需要依赖网络营销平台来达成目的，这主要是因为网络营销平台可以充分地利用网络信息，并发挥自身长处，对与农产品市场相关的信息进行全面收集，以便制定出专业的市场营销策略，从而充分满足消费者不断变化的消费需求。例如，网络直播平台的出现，使得农产品的品牌营销可以进一步深化。平台制定规则，商家与主播在合法合规的前提下入驻，开始进行农产品直播带货，有些农产品品牌甚至能够借助带货主播的影响力而不断吸引更多的消费者来消费，使自身知名度也得到一定程度的提升，进而获得更多的经济效益。

（三）网络背景下农产品品牌营销推广实施策略

首先，加深对品牌营销的认识。随着互联网信息技术的进步，新媒体应运而生，它不仅改变了信息的传播方式，同时还为社会中各个领域带来了深刻的变革。新媒体极大地满足了消费者的需求，使其在获得自己所需的各类农产品信息的过程中不受时间与空间限制。在新媒体的背景下，农产品品牌营销工作需要与时俱进，结合农产品市场的发展趋势，采用创新的思维方式制订合适的品牌营销方案。企业必须深刻认识到，推动农产品的发展不仅是当前国家农业产业发展的重点，还能够促使我国不断推进农业现代化进程。为此，企业需要深入了解产品信息，因地制宜地进行品牌建设和营销推广，深刻认识到品牌建设、品牌营销和品牌推广对促进农业与农产品规模化发展的作用。

其次，提高品牌在市场上的竞争力。随着时代发展，很多传统农产品开始受到越来越多人的欢迎。企业需要充分发挥网络信息时代的优势，以市场需求为基础，利用互联网技术培育具有地域特色的农产品品牌。随着乡村振兴战略的推进，我国对农业发展和农产品的销售给予了越来越多的关注，并相应地推出和落实了更多的扶持政策。对于农产品品牌营销工作，需要农产品生产者、政府部门、农产品行业协会等的合作，以明确农产品品牌实际上是一种展现地域特色的公共资源。因此，在品牌营销活动中，不仅需要政府加大扶持力度，还需要确保农产品行业协会可以发挥市场监管作用，维护农产品市场的稳定，进而增强农产品在市场上的竞争力。

最后，提高品牌的经营和管理质量。对农产品进行品牌营销和推广的核心目标是利用品牌的影响力来进一步推进农产品的规模化生产，从而增强农产品在市场上的竞争力。为适应时代发展，需要制定差异化的农产品品牌营销策略，以防止同质化的竞争现象出现。考虑到很多消费者对绿色健康的关注，企业可以利用直播和短视频等渠道来宣传某些农产品所具备的相应功效，从而使得消费者对农产品品牌信息有更为深入的了解。在农产品的品牌运营和管理过程中，还需要重视技术并以具体需求为依据追加投资，对农产品的产业链进行发展与完善并增加农产品的副产品种类。对农产品品牌进行维护，使其更好地适应市场的发展趋势和消费者的消费习惯，充分提升品牌的影响力和其在市场上的竞争力。

总的来说，受乡村振兴战略影响，地方农产品的开发和建设的重要性不断提高。品牌被视为农产品产业成长的主要驱动力，为进一步强化农产品品牌影响和市场竞争力，就需要充分发挥网络技术的优势，改变传统的营销思维，加强营销主体之间的合作、完善品牌营销策略。这将极大地推动我国农业现代化进程，并有效促进乡村振兴和农村产业的持续发展。

第三节　网络背景下农产品文化营销

一、文化营销的概述

（一）文化营销的定义

文化营销是企业为实现经济、社会、环境等的多重目标，所采取的一种策略，其以文化核心价值观念为基石。该策略以消费者为中心，将深厚的文化观念巧妙地融入各类营销活动中，从而赋予产品和服务更为丰富的文化意蕴，以满足消费者日益增长的精神文化需求。

文化营销是通过一定的方式激发消费者对企业及其产品的深层次认同感和归属感，同时通过精心策划，营造出独具魅力的文化氛围。在这一系列举措中，产品不仅作为满足消费者物质需求的工具，更是成了传递和承载文化精髓的重要载体，能够有效覆盖并满足不同层次、不同需求的消费群体。

文化营销强调与消费者之间的深度互动与沟通,通过共鸣和理解来建立长期稳定的关系。在这个过程中,文化被视为消费者需求不可或缺的一部分,企业需不断挖掘和满足消费者的文化需求,实现与消费者的共同成长和进步。

文化营销的核心特质体现在企业与消费者之间价值观念的深度融合与协调共生。企业与消费者之间形成共融的过程,实际上是双方价值观念相互渗透、相互影响的结果。这种共融不仅有助于提升企业的品牌形象和市场竞争力,更能推动整个社会文化的繁荣与发展。

(二)文化营销的特性

第一,开放性。文化营销因其对文化的深刻洞察与广泛理解,展现出极强的开放性。因其这种特性,文化营销对其他营销方式也能够产生一定的辐射作用,同时积极吸收其他营销活动的思想精华,从而保持其持续的创新活力。

第二,时代性。文化营销作为时代精神的生动体现,其核心理念如"信誉是企业生命"等价值观,必须持续适应时代发展的步伐,不断创新与完善。只有如此,才能有效赢得消费者的认可与信赖,进而推动企业的稳步前行与持续发展。

第三,导向性。文化营销在营销活动中具有导向功能,能够有效规范营销行为,同时在社会和消费者之间展开深度的价值观交流。通过这种交流,文化营销能够积极影响消费者的消费观念与消费行为,进而推动市场稳健而健康的发展。

第四,个性化。文化营销能够有效地塑造品牌独特的文化个性,进而为品牌识别提供坚实的支撑。品牌形象在市场中鲜明独特,有助于消费者明确辨别不同品牌,同时为企业巩固了固定的消费群体。文化营销确保了营销效果和经营效益的最大化,提升了品牌的竞争力和市场地位。

第五,区域性。文化营销必须充分考虑文化差异对营销对象和方式的影响。例如,红色在东方与西方文化中的不同象征意义,这就要求企业在进行文化营销时,需充分考虑区域文化特点,消除文化障碍,实现有效的文化融合与营销。

(三)文化营销的意义

在当前知识经济蓬勃发展的时代背景下,消费者对于文化产品的需求日益旺盛,因此,实施文化营销策略已成为推动企业经济效益增长的重要途径。

第一,文化营销推动企业文化建设。文化营销通过将企业文化、市场文化、消费者文化联系起来，满足各方面需求，推动企业文化的丰富和发展，持续推动企业发展壮大。

第二，文化营销有助于企业获得竞争优势。通过融入深厚的文化内涵，企业产品能够凸显出与竞品的差异化，进而提升产品的附加值。此举有助于企业重新构建企业的价值链，从而获取市场竞争中的优势地位。

第三，文化营销能够使消费者长期认同企业。通过传达企业的价值观念，文化营销创造的竞争优势能够深入消费者内心，使产品具有长期吸引力。

二、网络背景下农产品文化营销的策略

第一，包装设计需充分凸显产地文化特色，以彰显其独特魅力。对于农产品而言，其包装设计不仅需要注重实用性和美观性，更应深入挖掘文化内涵，以塑造具有地域特色和文化韵味的独特形象。在包装设计过程中，应根据产品的不同，选择使用符合其定位的优质材料，精心选择图案、文字和色彩，以凸显农产品的独特魅力和文化内涵。以云南某葡萄酒品牌为例，其包装设计巧妙地融入了清纯的傣族少女、丰盈的葡萄、威猛的大象、美丽的蝴蝶等元素，充分展现了云南的地域特色和民族文化。这样的设计不仅提升了产品的附加值，还成功塑造了浓郁的少数民族风情，为消费者带来了独特的视觉体验和文化享受。此外，销售店面的装修设计也应与农产品包装设计相协调，突出产地形象和文化特色。应通过整体传达系统的设计，将农产品的地域文化、品牌形象和营销理念有机结合起来，以提升消费者的认知度和购买欲望。

第二，构建并维护良好的产地形象。在激烈的市场竞争中，塑造卓越的产地形象至关重要。一个国家或一个企业，其竞争的本质往往深植于经济背后的文化力量、深厚的文化背景以及核心的价值观。文化力量涵盖了品牌形象、内涵以及消费者忠诚度等多个维度，对于企业竞争地位的稳固具有决定性作用。文化营销所构建的联系与形象，具有难以被竞争对手轻易撼动的特性，能够为企业带来长远的竞争优势。在网络时代的背景下，企业可以充分利用文化营销的独特优势，塑造出独具特色的企业形象。例如，某品牌通过打造文化园区和听觉识别系统，成功塑造了自身的品牌形象，赢得了市场的广泛认可。为有效传递区域形象，品牌设计需紧密结合企业理念、行为准则以及视觉识别元素，以现代设计与管理理

论为指导，构建一套完整的传达系统，这将有助于企业在激烈的市场竞争中脱颖而出，实现可持续发展。

第三，善用名人效应。在深入挖掘文化内涵的过程中，可以巧妙地利用名人的历史背景与渊源，并结合网络和新媒体的强大传播力量，进行广泛而深入的宣传推广，以充分发挥名人的"光环效应"，进一步提升文化内涵的知名度和影响力。例如，浙江省金华市金东区源东乡因盛产优质的"源东白桃"而享有盛名，该地还是著名音乐家施光南的故乡，那么当地政府可以充分利用著名音乐家施光南的名人效应，为当地经济发展注入新的活力；相关部门和企业可以制订一套整体传达系统战略，并通过网络宣传等多元渠道提升源东乡的形象与知名度。同时，对白桃包装进行改进，巧妙地将其与施光南相关联，进一步提高源东乡的知名度和美誉度，从而促进农产品的销售。

第四节　网络背景下农产品国际营销

一、我国农产品国际营销的优势分析

（一）我国农产品国际营销优势

在经济全球化趋势持续深化的时代背景下，我国政府对于新型国际营销策略的关注度显著提升，出台并实施了一系列相关政策措施。这些政策旨在引导外贸从业人员紧密围绕消费者需求开展生产和销售活动，进而提升中国农产品在国际市场的竞争力，为其赢得更为广阔的市场空间。

为了进一步提升农产品在国际市场的竞争力，我国政府积极学习借鉴美国等发达国家的农产品国际营销经验，鼓励农产品企业采用多元化的促销策略，以迅速占领市场。同时，对于农产品的出口，我国也实行严格的审核与划分制度，以确保产品质量和安全。

此外，随着生产技术的发展，农产品深加工领域蓬勃发展，实现了附加值的显著增长。政府亦进一步加大对农产品深加工领域的支持力度，通过成本扶持、引进国际尖端技术与企业合作等途径，推动农产品深加工行业持续壮大，以更好地适应并满足国际市场的多元化需求。

近年来，绿色农产品逐渐成为国际市场的新宠。为了顺应这一趋势，我国政府积极推广绿色农产品，鼓励农产品企业加强绿色生产，提高农产品的健康程度，以满足国际市场对健康食品的需求。

（二）我国农产品国际营销劣势

我国农产品进军国际市场仅十余载，同时，国内对于国际营销人才的培育意识相对薄弱，进而造成了专业人才供给匮乏，致使我国在国际农产品市场中处于被动地位。许多国际营销人员未能充分认识到市场调研与预测的关键性，缺乏有效开拓市场和组织营销的能力，从而影响了企业决策的科学性和精准度，导致我国农产品在国际竞争中处于不利地位。

尽管部分农产品已成功出口至海外市场，但在国际市场，其品牌知名度却相对较低，品牌营销的力度也显得不足。这一现状严重制约了农产品在国际市场的进一步拓展以及出口额的有效增长。

目前，我国农产品在国际营销方面的策略与渠道建设尚处于有待进一步提升的阶段。我国农产品国际营销过于倚重价格竞争手段，未能充分展现农产品的内在价值，从而导致品牌影响力和市场效益不尽如人意。此外，农产品出口过于依赖代理商，且操作过程缺乏标准化和规范化，这无疑增加了不必要的成本支出，削弱了我国农产品在国际市场上的竞争力。因此，针对我国农产品国际营销领域，仍需强化人才培育工作，提升品牌知名度，优化营销策略和渠道建设。这些举措旨在提高我国农产品的国际竞争力，推动实现可持续发展目标。

二、网络背景下农产品国际营销策略

2001 年，我国正式加入世界贸易组织，为我国农产品的出口打开了新的广阔天地。近年来，政府对农产品出口发挥了重要的支持作用，通过出台和实施一系列有力的政策和资金扶持举措，有效促进了农产品出口业务的快速增长，从而推动了整个农产品市场的积极发展。

自我国加入世界贸易组织至今，农产品所面临的国际贸易歧视现象已逐步减少，贸易成本也有所降低。这一积极变化极大地推动了我国农产品的国际营销进程，显著提升了其在全球市场上的竞争力。我国积极参与国际贸易标准的制定，通过提出富有建设性的意见和建议，为构建更为公平、公正的国际贸易环境贡献了积极力量。

尽管我国在自由贸易区建设方面起步较晚，但我国政府高度重视并积极推进自由贸易区建设，并取得了显著成效。目前，我国已深度参与国际农产品市场，水果、蔬菜、水产品等优质农产品进入国际市场。然而，随着时代的不断演进和科技的日新月异，农产品国际营销面临着诸多严峻挑战。这些挑战在一定程度上制约了农业经济的发展。因此，我们必须积极适应网络时代的发展要求，充分利用网络力量的优势，对农产品营销策略进行全面而深入的改革。通过大幅提升销售的现代性和科学性，促进农业经济的持续健康发展，推动农业现代化进程不断向前迈进。具体策略如下所述。

第一，在推动农产品拓展国际市场的过程中，实施科学、系统的国际营销策略。这一策略涵盖了价格、渠道、产品以及促销等多个方面。在价格策略上，要根据农产品的品质和种类实行差异化定价策略；在渠道策略上，要以网络平台为基础，避免过度依赖中介环节，主动参与国际展销会等活动；在产品策略上，要高度重视特色化产品政策的实施，充分借助网络技术，提升农产品的国际竞争力；在促销策略上，要充分利用互联网和社交媒体等现代化传播渠道，以高效、精准的方式将农产品的品牌影响力迅速扩展至国际市场，从而增强农产品的国际竞争力。

第二，推动开展绿色国际营销活动，打破贸易壁垒。随着信息技术的发展，人们已经处于网络信息时代，农产品想要在国际市场上提升销售率，应该创新性地采用绿色国际营销策略。首先要提高农产品生产与网络销售标准，应对发达国家绿色贸易壁垒。其次要实行绿色营销，促进生态农业可持续发展。

第三，强化国际营销人才队伍建设，提高工作规范化水平，从而推动农产品国际营销工作的科学化进程。引入先进科学理念，提升企业的整体营销能力，着力培养一批具备专业素养、符合我国发展需要的优秀国际营销人才，为农产品国际市场的拓展提供有力的人才保障。对传统教育模式进行必要的改革，着重加强实践课程的设置。

第五章　网络背景下农产品营销发展与创新

本章为网络背景下农产品营销发展与创新，主要从三个方面展开介绍，即网络背景下农产品营销发展趋势，网络背景下农产品营销创新模式，网络背景下农产品营销案例。

第一节　网络背景下农产品营销发展趋势

在互联网时代，市场和商务信息的传递突破了时间和地域的限制，方便了人们的日常生活。互联网正逐渐成为一个真正的全球性市场，它的深化发展与应用促使社会经济开始由工业经济向网络经济的转型。网络经济作为一种崭新的经济形式，和工业经济有着本质区别。一方面，它带来了新的市场观念，另一方面，网络服务的个性化使消费需求得到了更有效的满足。更重要的是网络经济促进了世界经济的一体化，使知识经济与网络技术紧密融合。这种崭新的经济形式给社会带来了巨大的经济利益，也使农产品企业的营销环境发生了重大变化。农产品企业在获得历史性发展机遇的同时，亦将面临严峻的数字化竞争危机。在网络经济时代，无论从网络对市场及其要素影响的角度，还是从企业间的市场竞争的角度看，农产品企业唯有选择网络营销才能适应网络经济时代的发展要求，才能在新一轮的市场竞争中跟上科技发展的脚步，获得竞争优势。可以说，网络营销是新时期农产品企业关注的重点，也是营销发展的必由之路。

网络营销是企业借助现代信息技术，开展产品营销管理工作的重要手段，通过互联网，实现市场的有效开拓与盈利的持续增长。网络营销是市场营销的一种最新形式，主要包括宣传产品品牌、网站推广、信息发布。

我国网络营销虽起步较晚，但得益于较高的网络普及率，网络营销业务在网络平台上取得了显著的收益，并且网络普及速度持续加快，呈现出持续发展的良好态势。我国发展网络营销的环境正逐步完善，网络基础设施、法律环境、认证中心建设、网络支付、运行环境、信息安全、物流配送等条件已经初步具备。网络带宽增加，宽带用户大幅度增长，网络支付系统的运行取得实质性进展。在物流配送方面，中国邮政加盟了电子商务领域，再加上一些专业配送企业的参与，完善的商品配送系统已经建立。与此同时，各行业的电子商务迅速发展，如纺织网、IT网、旅游网、房地产网等如雨后春笋般出现。

网络营销是农产品营销手段的创新，为农产品销售提供了一个新的模式。农产品产地与农业企业借助网络营销手段，积极发掘商业机遇，能够实现显著的效益增长。网络营销不仅推动了传统农业向现代化方向的转型，更为新农村建设的全面推进提供了有力支持。网络营销最大特点是互动性，买卖双方可随时交流。营销者发布信息，消费者搜索资讯并提问，双向沟通促成交易。在消费者表示满意并建立起良好印象后，营销者可以进一步开展深入的调研与测试工作，以便制定出更为精准有效的营销策略。同时，借助网络互动的力量，可以积极推动农产品营销的创新与发展，进一步促进产销之间的有效对接，从而显著提升农产品的市场竞争力。目前，网络背景下农产品营销呈现出如下趋势。

第一，个性化趋势。通过数据分析和消费者行为研究，为不同的消费者群体提供定制化的产品和服务。

第二，专业化趋势。专注于特定农产品或农业领域的专业化发展，提高产品质量和市场竞争力。

第三，区域化趋势。利用地方特色和区域优势，发展具有地方特色的农产品，促进地区经济发展。

第四，融合化趋势。将互联网技术与其他领域相结合，拓展销售渠道和提高营销效果。

第五，用户红利消失。随着移动互联网的普及，农村电商的用户红利逐渐消失，运营能力的提升成为关键。

第六，移动端成为主导。农村电商的交易主要发生在移动端，企业需要积极开发和维护移动端平台。

第七，内容电商的崛起。通过社交媒体和内容平台推广商品，实现从"人找货"到"货找人"的转变。

第八，农产品上行加速。将农产品通过电商网络渠道销往城市，开拓新的市场和增加农民收入。

第九，渠道多元化。发展线上线下相结合的多元化网络营销渠道，提高市场覆盖率和客户便利性。

第十，农业大数据应用。利用大数据分析为农业生产提供科学、精准的决策和服务。

第十一，农村跨境电商。利用跨境电商拓展国际市场，促进国际贸易和地区经济发展。

随着互联网的迅猛发展，农产品的营销方式也面临着巨大的改变。传统的农产品营销方式往往受限于地域、渠道、时间等因素，限制了农产品的国际化和市场化进程。网络化营销的兴起，打破了时间和空间的限制，为农产品的销售和推广提供了新的机会。互联网的发展为农产品的营销带来了无限的机遇和挑战。农产品的网络化营销已经成为农业发展的必然趋势，通过互联网平台，农产品可以更好地满足消费者个性化的需求，提高市场竞争力和盈利能力。同时，农民也需要不断提升自己的科技水平和市场意识，积极借助互联网平台，开拓新的农产品营销渠道，推动整个农业产业的发展和创新。

第二节　网络背景下农产品营销创新模式

一、"农产品＋软文"网络营销

（一）软文应用于农产品网络营销的优势

1. 软文推广成本低，回报率高

在当今网络快速发展的时代，软文推广作为一种重要的营销策略，正在逐渐崭露头角。它主要通过视频、图片和文字等虚拟的数据信息进行设计和传播，旨在通过精准定位、内容创意和有效的传播渠道，提升品牌知名度，促进产品销售。

在这个过程中，大量的社交媒体和公众平台为软文推广提供了广阔的舞台，这些平台大多免费对外开放，使得企业能够充分利用这些资源，进行线上软文推广营销。由于社交媒体和公众平台具有较高的用户覆盖率和高度互动性，企业可以利用软文，与潜在客户进行互动，提高品牌曝光度。此外，这些平台通常允许企业以较低的成本进行推广，甚至有很多免费资源可供企业选择。这使软文推广成为一种成本效益较高的营销策略。随着网络新媒体平台用户数量的不断增长，竞争也日益激烈。在这种情况下，若想达到更好的农产品推广效果，有些情况采用付费服务更加适合。付费服务可以帮助企业更好地定位目标受众，提高软文的曝光度和传播效果。付费服务还可以为企业提供更为专业的推广方案，帮助企业在竞争激烈的市场中脱颖而出。当然，相较于传统媒体，新媒体的付费软文推广在价格和推广精准性方面也具有明显的优势。传统媒体如电视、报纸等，往往需要投入大量的广告费用，且传播范围有限。新媒体的付费软文推广则可以根据企业的需求和预算进行灵活调整，通过精准定位目标受众，获得更为高效的推广效果。此外，新媒体平台还具有实时性、互动性等优势，能够更好地满足现代消费者的需求。

2. 软文推广依托于新媒体，形式多样

随着新媒体时代的到来，广告传播环境发生了翻天覆地的变化。在网络传播环境下，信息数据的传播已然突破重重限制，人们通过手机、平板电脑等设备，可以随时随地地获取和浏览各类信息。人们还可以对信息进行评论、转发等互动行为，使得信息的传播速度得到了极大的提升，范围得到扩大。在这样的背景下，软文推广形式应运而生。软文推广不同于传统的硬广，它更注重内容的可读性和吸引力，通过文字、图片或视频等多种形式，将产品信息与社会热点、故事等相结合，使受众在阅读中接收产品信息。这种推广方式不仅能够激发创作者的灵感，更能够打破传统广告的刻板印象，让产品以更加生动、有趣的方式呈现在受众面前。软文推广的形式多样，既有纯文字叙述的，也有图文并茂的，甚至还有融入视频内容的。这些形式的选择，旨在满足不同受众的阅读习惯和喜好。同时，软文推广还善于运用社会热点和故事等元素，将产品信息巧妙地融入其中，使得受众在享受阅读的同时，也能够对产品产生浓厚的兴趣和好感。软文推广还注重与受众的互动。受众可以表达对文章和产品的看法和感受，这种互动不仅能够增强受众对产品的认知和了解，还能够拉近品牌与受众之间的距离，增强品牌的亲和力和信任感。

3. 软文兼具商业性与艺术性，便于传播

新媒体软文，作为当今网络营销的重要手段，创作与发布往往需要由专业的团队或专业人士来精心打造。在软文的创作过程中，除了文案写作能力外，作者还需要综合运用视频剪辑、图片设计制作等多种技能，以创作出既充满艺术气息又具有商业价值的作品。优秀的软文在文案写作方面需要做到精准、生动、有吸引力。作者需要深入了解产品的特点、优势，以及潜在受众的需求和心理，从而准确地把握软文的主题和核心卖点。文案需要采用通俗易懂、亲切自然的语言风格，以拉近与受众的距离，提升信任感。适当地运用修辞手法和成语等，可以让文案更加生动形象，提升软文的可读性。在图片设计方面，软文需要配以高质量、具有创意的图片或插图，以吸引受众的注意力。这些图片或插图需要与文案内容相互呼应，共同表现出产品的特点和优势。

随着视频媒体的普及和发展，越来越多的软文开始采用视频剪辑制作的方式来展示产品。视频可以更直观地展现产品的外观、功能和特点，同时也能够借助配乐、旁白等元素营造出更加生动的氛围。因此，具备视频剪辑制作能力的团队或个人在软文创作中更具优势。通过深入研究一系列杰出的产品软文，不难发现这些软文之所以能够在产品推广方面取得显著成效，其核心在于它们在设计过程中精准地把握了潜在受众的心理特征。这些软文往往能够巧妙地运用各种营销策略和技巧，如故事化叙述、情感共鸣、权威背书等，以激发受众的购买欲望和信任感。同时，优秀的软文还具备高度的互动性和传播性。

（二）农产品软文网络营销的策略

1. 重视标题的表达和设计

在新媒体时代，软文营销作为一种有效的推广手段，已经广泛应用于各行各业，其中农产品行业也不例外。软文的标题，作为吸引用户点击和阅读的关键，其重要性不言而喻。首先，鉴于新媒体的展示特性，软文的标题应当具备显著的吸引力，以有效吸引受众关注。新媒体平台上的信息繁多，用户的注意力很容易分散。因此，拥有一个富有创意、能够引起用户兴趣的标题，软文才能脱颖而出，吸引用户点击。标题的设计也需要考虑潜在用户的需求和兴趣点，从而最大限度地对他们产生冲击力。其次，标题要有思想、有内容。一个优秀的标题在吸引用户点击的同时，还需精准传达软文的主旨大意，使用户能够对文章内容产生初步的认知与理解。通过运用一定的语言技巧，如设置悬念、突出亮点等方式，可以有效激发用户的好奇心，促使他们点击阅读。在追求点击量的同时，也要坚决拒绝"标题党"的行为。所谓的"标题党"行为，就是指那些采用夸张、放大或者低俗的内容作为标题，以吸引用户点击的行为。虽然这种手段在短时间内可以提高一定的点击量，但长此以往，它会对产品的深度营销造成负面影响，因为当用户发现标题与文章内容严重不符时，他们会对该产品产生反感，甚至会影响整个品牌的形象。

2. 深入挖掘社会热点与农产品的关系

软文不仅能够在极短的时间内完成创意设计和全面推广，而且能够迅速与社会热点相结合，形成强大的传播效应。这一特性使得软文成为企业抓住市场机遇，提升品牌知名度和影响力的有力武器。软文的设计和营销能够在短短一天内完成。这意味着企业能够迅速捕捉市场变化，根据社会热点进行创意构思，并在短时间内将软文推向市场。以体育赛事或会议为例，这些备受全球瞩目的盛事常常能够汇集大量观众的目光。在这样的背景下，众多企业会敏锐地捕捉这些实时热点，巧妙地运用软文创作和推广手段，吸引目标受众的注意力。众多企业通过巧妙地将产品与赛事或会议相关联，借助事件的热度和关注度，提升产品的知名度和曝光率。这种策略往往能够取得非常好的效果，使企业在激烈的市场竞争中脱颖而出。在将社会热点与农产品软文网络营销进行融合时，要审慎考虑农产品与热点事件之间的内在联系。为确保软文的精准定位与高效传播，要优先选择本领域的相关内容作为切入点。如果牵强附会，不仅无法达到预期的效果，反而还可能引起消费者的反感和不满，对品牌形象造成负面影响。

3. 多平台多领域进行全面精准投放

在进行农产品软文网络营销的过程中，有两大核心内容需要被高度重视：一是要确保网络营销推广的精准度；二是要在尽可能多的平台上投放软文。在进行软文营销之前，要明确界定产品的目标受众群体。农产品的消费群体具有多样化的特点，因此，企业要根据自身产品的属性、品质、价格以及市场需求等因素，借助现代科技手段，如云计算、大数据等，精确地锁定目标受众。这些技术能够深入分析用户的行为习惯、兴趣爱好、消费能力等信息，从而帮助企业制定出更加精准的广告投放策略，实现广告费用的最大化利用。此外，在进行农产品软文网络营销的过程中，企业要高度重视软文投放平台的选择。当前互联网企业间的竞争日趋激烈，新媒体平台如雨后春笋般不断涌现，每个平台都独具特色，并拥有其独特的优势。因此，企业要根据自身的产品定位和目标受众，选择适合的平台进行投放。例如，对于注重品质和健康的农产品，可以选择在一些健康养生类的新媒体平台上进行投放；而对于面向年轻消费者的农产品，则可以选择在社交媒体平台上进行推广。通过全媒体营销，企业可以让产品在不同平台上得到广泛的推广，从而吸引更多的潜在消费者。

二、"农产品 + 短视频"网络营销

（一）短视频应用于农产品网络营销的优势

1. 传播覆盖面广

近年来，随着智能手机的普及和移动互联网的快速发展，短视频以其独特的魅力迅速吸引了大量用户的关注，成了一种广受欢迎的信息传播方式。在我国，短视频的活跃用户数量正持续呈现迅猛增长的态势。这些用户来自不同的地域，年龄不同，职业背景不同，他们通过短视频平台分享生活点滴、获取新鲜资讯、学习新知识，同时，也成了短视频营销的重要受众群体。短视频的内容丰富多样，既有日常生活的记录，也有专业的知识普及；既有幽默风趣的娱乐片段，也有富有哲理的思考与启示。这种多元化的内容形式使得短视频能够满足不同用户的需求，从而吸引了更多用户的关注。一条精心制作的短视频往往能够在短时间内迅速传播，引发广泛的讨论和关注。这种快速传播的特性使得短视频营销能够迅速占领市场，提高品牌知名度和影响力。制作者的身份在短视频营销中也呈现出多元化的特点。除了专业的媒体机构和营销团队外，越来越多的个人创作者也加入短视频营销的行列中。他们凭借独特的创意和视角，创作出了一系列具有吸引力的短视频作品，为农产品宣传、农产品网络营销等提供了有力的支持。传统的营销模式往往受到空间、时间等因素的限制，导致信息传递的效率低下，甚至出现

差错。而短视频网络营销则能够突破这些限制，让买家和卖家之间能够快速建立联系，提高交易的实效性。同时，短视频网络营销还能够借助平台的大数据分析和精准推送功能，实现精准营销，提高营销效果。在农产品宣传方面，短视频网络营销展现出了巨大的潜力。短视频网络营销能够拓展农产品的市场。通过短视频平台的广泛传播和分享，农产品可以被推广给更多受众，从而吸引更多的潜在消费者。

2. 有效降低农产品的营销成本

新媒体作为一种新兴的传播媒介，在当今社会展现出了巨大的传播优势。它不仅极大地丰富了当前的宣传方式和渠道，为各类产品，尤其是农产品的宣传和推广带来了革命性的变化。更为重要的是，大多数新媒体平台都是长期免费开放的，这一特点使得农产品的宣传和推广成本得到了有效降低，为农产品生产者带来了实实在在的利益。在传统营销模式下，农产品企业往往依赖于大众媒体进行宣传和销售。这种方式不仅成本高昂，而且效果往往不尽如人意。农产品生产者往往只能从中间商手中获取全部收益中的一小部分，这种局面使得农产品生产者面临着巨大的经济压力，难以实现可持续发展。新媒体的出现为农产品宣传和推广带来了转机。以短视频网络营销为例，它依赖免费的平台，能够共享大量的客户资源，使用起来也极为简单方便。通过短视频，农产品生产者可以直观地展示产品的生长环境、生产过程以及品质特点，吸引消费者的关注和激发消费者的购买欲望。同时，短视频的拍摄制作方式、发布时间等都可以根据生产者的安排来进行调整，从源头上减少了农产品销售期间的成本投入。

3. 操作门槛低，提高用户的体验感

在当前的农产品市场中，尽管众多农产品品质上乘、营养丰富，但由于多数农产品生产者的文化水平有限，他们往往难以通过传统媒体宣传模式进行广泛而有效的宣传。传统媒体宣传模式，如电视、报纸、杂志等，不仅在成本方面要求较高，而且在制作流程上也相对复杂，这对于大多数农产品生产者来说，无疑是一个巨大的挑战。这种现状严重降低了农产品生产高通过大众媒体进行自主宣传、销售的积极性，使得很多优质的农产品难以走出乡村，被更多人了解和购买。随着互联网的普及和移动互联网的快速发展，短视频网络营销模式逐渐崭露头角，为农产品生产者提供了新的宣传途径。短视频以其简短、直观、生动的特点，迅速赢得了广大网络用户的喜爱。而对于农产品生产者来说，他们只需要掌握智能手机的基本使用技巧，便能够快速掌握短视频的拍摄方法。这大大降低了宣传的门槛，使得更多的农产品生产者能够参与网络宣传。通过短视频平台，农产品生产者可以直观地展示农产品的生长过程、采摘过程以及独特的品质特点。他们还可以结合当地的自然风光、人文特色等元素，创作出具有趣味性和吸引力的短视频内容。这些视频内容能够吸引大量网络用户的关注与喜爱，同时也为消费者提供了一种更为直观且深入的了解途径，以便更全面地了解农产品的独特特色。

（二）农产品短视频网络营销的策略

1. 完善平台和行业的监管制度，注重产品的质量

从短视频平台的角度来说，为确保农产品网络营销的稳健推进，短视频平台必须进一步提升用户准入标准，坚决杜绝虚假宣传行为的出现，严格加强资质审核工作。为切实维护创作者及平台的良好声誉，针对宣传内容与实物存在严重不符的现象，必须予以坚决打击，确保市场秩序的规范与稳定。为避免平台遭受任何不必要的经济损失，对于违规账号，务必采取及时且有效的处理措施。有关部门应进一步完善相关法规制度，加强对网络营销行为的规范约束，确保市场秩序的稳定有序。从农产品生产者的角度来说，在参与农产品短视频网络营销时，必须积极回应消费者反馈，高度重视农产品质量安全问题。同时，还应自觉遵守法律法规，共同维护网络营销的健康发展。

2. 尝试多种拍摄技巧，找准营销定位

在新媒体时代，短视频平台得到了迅猛的发展，众多农产品短视频应运而生。然而，这些短视频的拍摄方式相对单一，缺乏创新性和差异性，这在一定程度上降低了农产品的营销效果，限制了其在市场中的传播与推广。要想农产品短视频网络营销取得好的效果，就要积极寻求并尝试多样化的拍摄技巧与手法，突出农产品的视觉呈现效果，同时结合时下热点内容，找准营销定位从而吸引广大消费者的目光，进而激发他们的购买意愿。

3. 凸显产品特色，构建品牌文化

我国农产品种类繁多，随着社会的不断进步，广大消费者对于生活品质和文化内涵的追求日益凸显。在农产品市场竞争日益激烈的背景下，品质和品牌文化

成为农产品竞争的核心要素。在新媒体时代，应积极利用微博、微信与短视频结合的方式进行网络营销，进一步拓宽农产品销售渠道，提高农产品品牌曝光度和市场影响力。同时，应通过严谨的营销活动规划，重点突出品牌特色，组建专业的博主团队，并为农产品赋予更深层次的文化内涵，构建品牌文化，从而增强宣传效果，提高消费者对农产品的认知度和认同感，进一步巩固品牌的市场地位。

4. 深入剖析消费者心理，加强与粉丝之间的互动

农产品短视频网络营销的精髓在于精准把握消费者的需求与偏好。为此，提升农产品短视频网络营销效率的关键，在于深入剖析消费者心理，确保视频内容能够精准激发消费者的购买欲望。在营销初期，往往会面临诸多挑战与困难，这就要求农产品短视频网络营销和运营人员有的放矢地解决问题，使消费者能够迅速接受并认可产品。

农产品短视频网络营销和运营人员必须高度重视消费者的心理变化，通过加强与粉丝的互动，引导他们积极购买并广泛传播产品。短视频网络营销以其独特的互动性和趣味性深受消费者喜爱，因此，农产品短视频网络营销和运营人员应注重创作新颖有趣的内容，以吸引更多消费者的关注，进一步提升农产品的市场关注度，从而实现经济效益的稳步增长。

5. 注重视频内容的制作，吸引消费者的注意力

短视频网络营销，受其吸引力与创意持续性的深远影响。消费者对于重复、同质的内容容易产生厌倦情绪，而创新元素的巧妙融入则能为他们带来全新的视觉体验，吸引他们长期观看。消费者通过长期观看短视频所形成的信任感，对于保持观看行为和对于产品的吸引力具有至关重要的意义。因此，在农产品的短视频网络营销中，视频创作者对此要重点关注。通过巧妙地将产品融入故事情节，视频创作者能够更精准地展现产品的特性与优势，进而吸引消费者的目光，提升产品的市场影响力。

在短视频网络营销策略的实施过程中，应当注重将营销内容自然融入各类媒介中，避免生硬植入，进一步优化用户的浏览体验。在确定视频内容方向时，应确保主题明确，以便在观众心中建立起长期稳定的信任关系。视频账号的建设与维护同样至关重要，应根据网络营销的主题和定位，精心策划和设计内容，确保每一条视频都能给观众留下深刻而积极的印象。在视频内容的制作上，建议充分

展示农产品的生产环节，巧妙融入引人入胜的故事情节，以此避免内容的同质化，提升创意水平，从而吸引更多潜在消费者的关注和观看。

三、"农产品+直播"网络营销

（一）农产品直播营销的需求点分析

1. 消费者对农产品品质、产地的要求

随着我国社会经济的迅猛发展，人们对食品安全与品质的要求日益提升。近年来，食品安全事件频繁曝光，给广大消费者的食品安全信心带来了严重冲击。消费者对绿色食品和健康食品的迫切需求日益增长，这充分暴露出农产品销售环节在保障食品安全方面亟须实现突破与创新的紧迫性。传统的农产品营销方式与网店营销模式，在消除消费者对于农产品原产地及品质等方面的疑虑，仍存在一定的局限性。直播营销是近年来迅速崭露头角的新兴销售模式，正在以其独特的优势，有效地弥补了传统销售模式的不足。通过直播营销，消费者可以实时了解农产品的生长环境、采摘过程、品质特点等真实情况，从而消除疑虑，更加放心地购买。直播营销通过实时视频的方式，让消费者能够直观地看到产品的每一个细节，进而提升了消费者的信任感。例如，在农产品直播营销中，主播会亲自走进田间地头，为消费者展示农产品的生长环境、采摘过程等。这种直观的展示方式，让消费者对农产品的品质有了更加深入的了解，也增强了购买的信心。

2. 农产品消费者对田园生活的向往

近年来，我国特色农产品的消费群体日益壮大，这一现象的产生，既与当前农产品直播的兴起密不可分，也反映了城市人群对绿色、健康、原生态食品的追求。一方面，当前直播的忠实用户群体以城市人群为主，尤其是广大的中青年和青少年。这些人群构成了特色农产品消费市场的主要消费群体，他们怀揣着对美食的热爱和探索欲望，热衷于尝试新鲜、富有特色的农产品。同时，他们也是直播这一新兴信息传播方式的忠实拥护者，通过直播了解农产品的种植、采摘、加工等全过程，提高了购买的信心和兴趣。另一方面，农产品的直播营销具有独特的优势。农产品的直播营销，在场所选择方面与其他工业化产品的直播营销存在显著差异。其直播场所既能够设定在室内卖场，也可选择在自然环境优美、绿意盎然的田间地头，以展示农产品独特的产地优势及原生态品质。在直播中，观众可以亲眼目睹农产品生长的环境和过程，感受到大自然的美丽和宁静。这种身临其境的体验，对于长期生活在喧嚣城市中的观众来说，无疑具有极大的吸引力。

3. 消费者对新、奇、特农产品的追捧

在现代社会，消费品的多样性可谓琳琅满目，极大地满足了人们的消费需求和欲望。然而，随着消费品的不断增多，人们的消费心理也悄然发生了变化，尤其是对新奇、独特产品的关注度日益提升。这一现象在农业领域表现得尤为突出。以柑橘类产品为例，传统的柑橘类产品，虽然口感鲜美，但由于消费者对其已经习以为常，其市场竞争力逐渐减弱。为了摆脱这一困境，农业科技的进步以及物流网络的完善为创新产品提供了有力支持。随着农业科技的不断发展，越来越多的新奇柑橘类产品开始进入市场，如耙耙柑、沃柑、青柑等。这些产品在口感、外形、名称等方面都充满了新奇元素，极大地提升了消费者的购买兴趣和购买力。例如，耙耙柑以其独特的果皮纹理和甜美的口感赢得了众多消费者的喜爱；沃柑则以其硕大的果实和丰富的营养价值受到了市场的青睐；而青柑则以其清新的口感和独特的食用方式成为市场上的新宠。这些新奇柑橘类产品的成功并非偶然，而是人的猎奇本能所引发的一种现象。人们总是对未知的事物充满好奇，而这些新产品恰好满足了他们的这一需求。同时，这些产品的高品质和独特口感也为其赢得了良好的口碑和市场份额。

（二）直播应用于农产品网络营销的优势

在直播营销尚未兴起时，电商销售主要依赖于图文与短视频广告的推广，此种方式较为传统且被动，缺乏足够的互动性，难以充分展现商品的真实性，效果往往不尽如人意。随着直播营销的兴起，其独特的实时影像播放形式，成功展示了实时、互动、真实的商品内容，从而显著提升了交易效率。在直播营销中，用户能够实时了解商品详情，与卖家进行互动交流，从而消除了对虚假广告的疑虑。此种方式不仅有效弥补了传统营销方式的缺陷，还凸显了实时体验在销售过程中的关键作用，从而成功规避了网络营销中诸如"得图片者得天下"等常见弊端。此外，直播营销还具备迅速吸引流量并实现变现的显著优势，为电商行业注入了源源不断的新动力。

（三）网络背景下农产品直播营销的有效路径

1. 农产品直播营销的产品选择

在网络日益普及的背景下，直播营销作为一种新型的销售模式，必须严格遵循营销的基本原则，尤其需注重产品的选择。选择具备竞争力、品质卓越且品牌影响力强的产品，将极大地提升营销效果。农产品直播营销主要呈现两种形态：一种是以直播为核心，类似于产品经销商的运营模式；另一种是以产品为核心，更接近于生产者的直销方式。

在特色农产品的直播营销中，对于以直播为核心的模式，产品的选择尤为关键，消费者的评价和满意度直接取决于产品的品质；而对于以产品为核心的模式，虽然产品仍然是基础，但直播策略同样重要，需要在直播过程中加大对产品的宣传力度，优化产品包装，并提升物流配送的效率和准确性，以全面提升消费者的购买体验。

2. 农产品直播营销主播团队的构建

对于特色农产品的直播营销来说，主播团队的选择或建立无疑是至关重要的一个环节。在数字时代，直播营销已经成为推动农产品销售的一种新型手段，而主播团队则是直播营销中的核心力量。特色农产品的直播营销，依据主播类型的差异性，可主要划分为两种形式。一种形式是从事特色农产品开发的企业或个体选择自行构建一支具备专业素养的主播团队。这种方式的好处在于，企业或个体可以根据自己的需求和特色，打造一支符合自己品牌形象的主播团队。在主播人选的选择上，除了要考虑主播的直播技巧、语言表达能力、互动能力等基本素质外，还需要特别关注主播的形象是否契合农产品营销的特点。纯朴、自然的主播形象更能够贴合人们对于农村以及特色农产品的直观印象，从而更容易引起观众的共鸣，产生更好的营销反馈。另一种形式是将产品的直播营销活动交给具备广泛粉丝基础和高度人气的"明星主播"。明星主播的参与能够有效引起大量观众的关注，进而显著提升直播的曝光度和市场影响力。然而，在甄选明星主播时，企业或个体应审慎考量其人气流量以及粉丝群体的构成是否与农产品营销的特性相契合。如果明星主播的粉丝群体与农产品的目标消费群体存在较大差异，那么即使明星主播的参与能够带来一定的流量，也难以实现有效转化和销售额的提升。无论是自行组建主播团队还是聘请知名明星主播，均需深刻认识到"主播团队"

在直播营销中的核心地位。主播作为直播活动的直接参与者和门面担当，承担着与观众进行互动和沟通的重要职责，是直播营销活动中不可或缺的关键角色。当然，幕后策划与管理工作同样具有举足轻重的地位。一个卓越的主播团队必须拥有全面而细致的策划能力、高效的管理能力以及出色的执行能力，以确保直播营销活动的顺利进行并达到预期的良好效果。

3.农产品直播营销平台的选择

就当前市场形势来看，直播营销平台呈现出多样化的发展态势，但主要可划分为两类。一类是以娱乐为主要特色的直播平台，它们在保持娱乐属性的同时，正逐步向直播营销领域深入拓展。另一类是在原有电商平台的基础上，巧妙融入直播元素，形成具有鲜明特色的直播营销平台，这两类直播平台既具备各自显著的优势，也存在一定的不足，因此，企业在选择时应充分考虑品牌定位、营销策略以及目标用户群体等多方面的因素，以确保获得最佳的营销效果。专业电商网络直播平台，凭借其深厚的电子商务积淀，汇聚了庞大的潜在消费群体。这些平台所吸引的用户流量质量上乘，观看直播的观众往往具备清晰的消费意图和强烈的购买意愿，有助于实现更为精准的营销。这些平台在直播带货销售方面展现出卓越的能力，主播可以依托平台提供的丰富商品资源、健全的交易系统以及强大的物流保障，高效地进行商品展示、推广与销售活动。值得注意的是，专业电商网络直播平台的入行门槛相对较低。由于这些平台拥有庞大的用户基础和成熟的电商生态，几乎任何人都可以尝试成为主播，通过直播形式展示商品、分享购物心得，进而吸引更多粉丝，实现商业价值。与专业电商网络直播平台相比，娱乐属性更强的直播平台在直播带货方面则呈现出不同的特点。这些平台最初以短视频、社交等功能为主，随着市场需求的不断变化，直播带货逐渐成为其重要功能之一。

4.适用于农产品直播营销的场景构建

促使消费者购买农产品的因素多种多样，其中产品的原产地、品质等无疑占据了重要位置。同时，无论从事农产品开发的企业或个人选择何种类型的直播平台以及主播，建立并维护消费者的信任始终具有至关重要的意义。信任作为购买决策的基础，对于农产品的直播营销来说尤为重要。近年来，明星主播的带货能力日益突出，他们凭借自身的知名度和影响力，吸引了大批粉丝的关注。粉丝对明星主播的信任，源于他们对主播个人品质、专业素养以及过往表现的认可。这种信任进一步转化为对主播推荐产品的信任，从而促使消费者产生购买行为。对于非明星主播而言，要想取得消费者的信任并非易事。他们缺乏明星主播的知名度和影响力，因此需要付出更多的努力来构建与消费者的信任关系。

笔者经过深入分析与研究，认为构建与特色农产品直播营销相契合的场景，是一条切实可行的有效路径。主播可以根据农产品的实际特点来选择直播场景。例如，对于某些特色农产品，如有机蔬菜、绿色水果等，可以选择产品种植、收获的场景进行直播。通过展示农产品的生长环境、种植过程以及采摘环节，让消费者更加直观地了解产品的品质和特点，从而提高对产品的信任感。主播还可以选择产品加工制作的场景进行直播。对于一些需要经过复杂加工才能制成的农产品，如腊肉、酱菜等，主播可以邀请消费者通过直播参观加工厂，展示产品的制作工艺和过程。这样一来，消费者不仅能够了解到产品的制作过程，还能亲眼看到产品的品质和安全保障，从而更加放心地购买。除了选择恰当的直播场景外，主播还需要注重直播内容的真实性和可信度，避免夸大其词或虚假宣传，要以客观、真实的态度向消费者介绍产品的特点和优势。同时，还可以邀请专家或业内人士进行解说，提供专业的知识和建议，提高消费者对产品的信任度。

第三节　网络背景下农产品营销案例

一、网络背景下四川大凉山特色农产品营销

我国农业拥有悠久的历史，农民在总人口中占比很高。鉴于农民生活水平的提升对于国家整体发展具有重要意义，农产品营销工作显得尤为关键。然而，当前农村地区互联网应用水平相对有限，信息传递渠道不畅，导致农民需求匹配能力较低。因此，利用互联网技术解决这一问题显得尤为紧迫和重要。

凉山彝族自治州以其独特的地理环境孕育了诸多特色农产品。然而，尽管其拥有得天独厚的农业资源，但在农产品深加工方面仍存在明显不足，尤其缺乏先进的冷链技术。这在一定程度上制约了其农产品的市场竞争力。凉山彝族自治州

农产品具有巨大的发展潜力，但在品牌建设方面却严重滞后，目前主要局限于区域性品牌，缺乏知名度和影响力。

四川大凉山地区物产丰富，其中野山松茸等高端产品价格相对较高。而零食食品则遵循市场定价原则，价格与市场接轨。然而，该地区农业市场尚未完成全面市场化进程，传统农户在市场竞争中仍面临较为被动的局面，处于相对弱势的地位。由于地区间销售差距较大，且信息传递不畅，农产品往往容易受到天气变化和价格波动的影响。同时，由于缺乏有效的风险共担机制，供需失衡现象时有发生，导致结构性过剩问题突出，进而给农民带来经济损失。

渠道作为商品实现价值转化的关键环节，对于凉山彝族自治州而言尤为重要。然而，受制于当地交通条件欠佳的现状，凉山彝族自治州的渠道流通并不顺利，这在很大程度上制约了当地特色农产品的市场拓展。大凉山特色农产品的销售渠道主要依赖于线下门店，尽管近年来网络销售有所增长，但整体增速仍然较为缓慢。在现有的销售模式中，"农户 + 中间商"的方式占据主导地位，这导致线上销售渠道的发展受到一定阻碍，难以充分发挥其潜力和优势。促销作为推动产品销售、提升农户收入的有效手段，在大凉山地区的应用却显得相对不足。由于农民对促销活动的投入有限，农产品在市场上的辨识度较低，难以在激烈的市场竞争中脱颖而出。目前，大凉山地区的促销模式主要以多买多送、折扣等传统方式为主，缺乏创新和差异化。鉴于此，大凉山农产品营销应充分利用网络营销手段，拓宽销售渠道，提升农产品的知名度和影响力。同时，通过打造具有信誉的品牌形象，提高农产品的附加值和市场竞争力，从而实现农民增收和产业发展的良性循环。

为支持农户实现增收目标，进一步推动大凉山地区的经济稳步发展，并加快现代化建设的步伐，现提出以下创新营销策略。

第一，完善网络营销平台。建立专门针对大凉山农产品的电商平台，整合信息实现农户与顾客直接交流，避免价格被动接受。在搭建平台时，考虑农户文化水平，应提供详细线上指导，助力农产品现代化销售。

第二，利用当地特色，政府打造本土网红。借鉴已有成功案例，结合本地少数民族文化与自然之美，培养符合当代审美的本土网红，推动农产品销售。

第三，建立完善农业经济信息体系。农民缺乏市场定价信息，易受供销商操控。政府应整合市场信息资源，让农户了解市场价格，灵活调整价格以确保农户利益。在面临产品滞销或市场价格下跌的困境时，建议采用免费试吃、赠送等精心设计的营销策略。通过运用这些巧妙的营销手段，农户可以有效提升产品的利润率，从而缓解销售压力，并增强市场竞争力。

第四，实行"千人千面"产品化策略。针对大凉山农产品区分度低、比较单一的问题，推出适合不同客户需求的产品。例如，推出可真空保存的名贵食材以满足送礼需求。同时，要以消费者需求为导向生产产品，重视包装与形式，发挥产品优势，并为产品赋予深刻的内涵。

二、网络背景下云南高原昭通苹果农产品营销

云南地理气候独特，农产品丰富多样，但物流、价格管理等问题制约了市场竞争力。加强互联网营销，解决物流难题，强化品牌意识，培养营销人才，是提升云南农产品经济效益和竞争力的关键。

（一）昭通苹果的产业与营销发展现状

1. 昭通苹果的产业发展现状

昭通苹果种植历史悠久。作为中国南方优质苹果生产基地，昭通的苹果产业得到了迅猛的发展。昭通苹果以其肉质细脆、甜酸适中、色泽鲜亮、风味独特且汁液充沛等特点而备受赞誉。相较于国内其他苹果产区，昭通苹果具有早熟优势，提前 20 至 30 天成熟，且生态环境优良，苹果品质上乘。

近年来，昭通苹果种植规模持续扩大，产量稳步提升，效益稳步增长，同时科技应用水平显著提高。为推进苹果产业的现代化发展，昭通已制定并实施九项技术标准，构建起一套完善的现代化标准生产体系，有效推动了昭通现代苹果产业的技术进步与产业升级。

2. 昭通苹果的营销发展现状

（1）昭通苹果品牌知名度得到提升

近年来，昭通苹果区域公用品牌的影响力得到了显著提升。通过举办一系列精心策划的活动，成功地塑造了品牌的良好形象，并荣获了"2016 中国最有影响力的十大苹果区域公用品牌"等殊荣。同时，昭通苹果宣传片在多个媒体平台播

出，进一步提升了品牌的知名度和美誉度。昭通苹果经营企业在品牌建设方面，同样取得了显著成效。通过不懈努力，昭通苹果经营企业成功打造了多个知名品牌，并荣获了多个奖项等。

（2）获得国内外消费市场机遇

近年来，全球苹果消费市场呈现出稳健的增长态势，中国对高品质苹果的需求日益旺盛。在此背景下，昭通苹果销售市场逐步扩大，其市场占有率逐年攀升，显示出强劲的发展势头。特别值得一提的是，昭通苹果在东南亚市场表现卓越，深受消费者喜爱。

（3）网络销售模式进一步创新

经过广泛宣传并积极拓展销售渠道，昭通苹果网店数量实现稳步增长，网络销售额持续攀升，产品已成功覆盖多个国家和地区，形成了独具特色的"电商＋网商"营销模式。

（二）昭通苹果网络营销模式存在的问题

1. 产品定价混乱

近年来，鉴于网络技术的迅猛发展和消费者网络购物需求的持续增长，昭通苹果的经营者和果农纷纷顺应时代潮流，积极投身于网络销售的大潮。他们通过各大电商平台，将昭通苹果推广至全国各地，为广大消费者带来了方便与实惠。然而，在这个竞争激烈的网络销售市场中，为迅速吸引消费者注意力，采取竞争降价策略已成为业界普遍采用的一种营销手段。在网络销售中，同样标识、同样产地、同样重量的昭通苹果，在各大电商平台上的价格却不尽相同。这是因为一些经营者为了快速吸引消费者，常常采取降价促销的方式。他们希望通过低价策略，迅速提升销量，进而获得更大的市场份额。然而，这种降价行为却给消费者带来了困惑和疑虑。消费者在购买昭通苹果时，往往会发现不同平台、不同店铺的价格相差悬殊。这种价格差异，使得消费者对昭通苹果的产品认知受到了严重影响。

2. 网络销售渠道单一

在移动互联网的浪潮中，人与人之间的交流方式发生了翻天覆地的变化。这些变化不仅丰富了人们的沟通方式，更对企业的营销推广策略产生了深远的影响。

为建立与消费者之间互动友好的关系，企业需与时俱进，积极利用社交媒体这一高效的营销工具。昭通苹果，作为一种优质的水果品种，近年来在市场上的表现颇为抢眼。随着电商的快速发展，昭通苹果已经初步形成了"电商＋网商"的营销模式。然而，这种模式的推广过程中仍然存在一些问题。目前，昭通苹果的销售仍然以各电商平台的网店为主，这在一定程度上限制了其市场拓展的速度和广度。此外，在苹果销售渠道的选择上，绝大多数苹果加工经营企业及散户仍倾向于传统的线下批发零售模式。尽管电商平台、网络商城等线上渠道在一定程度上为昭通苹果的销售起到了辅助作用，但与消费者之间的沟通仍需进一步优化，以提升用户友好性。线上线下的销售渠道之间缺乏有效的整合和协同，使得两者在推广昭通苹果的过程中并没有形成合力。

（三）网络背景下昭通苹果营销优化策略

1. 精品网货打造

昭通苹果面临的一大挑战在于其产品定位尚不够明确，导致市场美誉度有待提升。针对这一问题，地方政府应积极与企业携手合作，引进先进的分级管理技术和分类包装设备，特别关注优质产品的推广，致力于打造具有网红效应的昭利用果品牌。为进一步提升昭通苹果的市场竞争力，应制定一套精品网货标准，明确果重、外观、糖度等关键指标，并推出符合不同市场需求的设计包装规格。通过公开透明的标准制定，激发商家销售积极性，进而提升昭通苹果的知名度和美誉度。此外，鼓励本地销售也是促进昭通苹果产业发展的重要途径，优化本地销售渠道，可以有效促进地方电商经济的快速发展，同时推动昭通苹果在网络销售中实现标准化和知名度的双提升。

2. 网络价格监管

随着网络店铺的日益增多，价格差异悬殊的问题也日益凸显，这不仅给消费者带来了困扰，也影响了市场的健康发展。针对这一问题，当地政府相关部门要积极行动起来，加强对网络价格的监管，确保市场秩序的稳定和消费者的权益。在昭通地区，苹果作为一种特色农产品，其品质和口感都享有很高的声誉。然而，由于网络店铺众多，价格差异巨大，导致消费者在购买时难以判断其真实价值。当地政府相关部门应制定农产品指导价格，对不同级别、不同标准的苹果给出了一个合理的价格范围。这样，消费者在购买时就可以有一个明确的参考，避免被高价或低价所迷惑。同时，对于那些同样品质的产品售价过高或过低的商家，政府相关部门也要及时进行约谈。同时，要求商家提供合理的定价依据，并对不合理的价格进行调整。对于那些拒不改正的商家，政府要采取处罚措施，以维护市场的公平和秩序。而对于那些保证产品品质、诚信经营、合理定价的商家，政府要给予一定的奖励和扶持。这不仅是对其辛勤付出的肯定，也是对良好经营行为的鼓励。通过这种方式，政府可以引导更多的商家走上诚信经营的道路，推动整个市场的健康发展。此外，政府还要加大网络交易的监管力度，建立完善的投诉举报机制。

3. 塑造农产品品牌

在网络时代背景下，为增强昭通苹果的市场竞争力，品牌塑造显得尤为关键，具体可从以下几个方面展开实施。

（1）共用区域品牌"昭通苹果"

针对"昭通苹果"这一区域品牌，实行共用机制，并确立一套统一标准，以确保企业与果农能够共同遵循，从而有效树立并强化品牌形象，进一步提升品牌建设的整体意识。

（2）"合作社 + 农户"模式创建自有品牌

积极推行"合作社 + 农户"的运营模式，通过合作社的领导作用，引导种植户共同参与，制定并执行严格的产品标准，从而塑造出具有显著影响力的自有品牌。在网络环境下，所有种植户在使用该合作社自有品牌的过程中，必须严格遵循既定的标准和要求。

（3）科技、农产品和旅游相结合

在网络背景下，为促进昭通苹果品牌的全面发展，昭通可以结合"科技 + 农产品 + 旅游"的创新理念，建设高品质的苹果园。通过创意文化的融入，将农产品与农庄体验相结合，吸引更多游客参与。同时，充分利用社交媒体进行广泛宣传，并举办丰富多彩的亲子活动，以提升品牌的市场影响力和竞争力。这些举措有效融合了农产品、科技和旅游元素，为昭通苹果品牌的多维度发展提供了有力支持。

三、网络背景下河南孟津梨农产品营销

随着网络技术的迅猛发展和普及，电子商务日益普及，农产品营销模式不断革新与进化。新媒体平台的涌现，以及电商平台的蓬勃发展，为农产品的推广与销售开辟了新的路径，使得众多农产品得以广为人知，受到广大消费者的喜爱与追捧。然而，由于农村地区交通不便、基础设施相对落后、人才资源匮乏等问题的存在，仍有许多独具特色、品质优良的农产品未能走出乡村，未能被更多人所知晓和了解。

孟津梨是洛阳的地理标志农产品，有千余年栽培历史，因其甜美多汁、形色美观而被称为"洛阳金橘"。孟津梨以其卓越的品质和丰富的营养价值著称，天生伏梨是当地的主栽品种。在2020年，经过严格的筛选和评审，孟津梨成功被列入第一批全国名特优新农产品名录。

20世纪80年代，由于管理不善、黄河水南侵等诸多不利因素的交织影响，孟津梨的品种数量和种植面积出现了明显的下降趋势。当时的县政府审时度势，为振兴地方经济，决定大力发展经济林。在此政策引导下，梨树种植面积得到了迅速扩展。近年来，该地区政府高度重视优质农产品的发展，严格把控整个种植过程，产品质量得到显著提升。该地区政府积极建设"孟津梨"主题公园，并通过举办一系列丰富多彩的活动，推广孟津梨品牌，进一步扩大其市场影响力。孟津梨产业链促进了农业与旅游业的深度融合，实现了产业间的互利共赢。孟津梨在满足本地市场需求的同时，还远销至新加坡、印尼等国。

尽管孟津梨在种植技术和市场推广方面取得了一定的成就，然而，该产业仍然面临着诸多发展障碍和挑战。第一，传统的农业生产模式以小规模为主，质量标准参差不齐。部分农户为了追求短期利益，往往提前采摘或采用催熟剂，导致孟津梨的品质和口感下降，严重影响了消费者的购买体验。第二，孟津梨缺乏独立的品牌标识，这使得市场上的孟津梨真假难辨，甚至有部分地区的梨冒充孟津梨进行销售，严重损害了孟津梨的声誉和品牌形象。第三，孟津梨品种繁多，但缺乏统一的种植管理标准。这导致各品种的梨在品质、口感等方面存在较大的差异，难以满足消费者的多样化需求。第四，孟津梨的运输包装较为简单，长途运输过程中容易导致梨腐烂和损伤。第五，该产业目前仅限于初级加工，缺乏深加工和精加工环节，无法满足市场对高品质、高附加值产品的需求。第六，农村地

区缺乏电商专业人才，导致孟津梨在电商平台的推广和销售上受到限制。第七，由于地理位置相对偏远，与城市市场的距离较远，也给孟津梨的运输和销售带来了一定的困难。为了优化孟津梨产业的发展，可采取以下策略。

第一，拓展互联网销售渠道。充分利用短视频、直播等新型媒体平台，进行产品推广和销售活动。同时，通过社交媒体和电商平台扩大销售渠道，提高孟津梨的市场覆盖率和销售量。此举有助于进一步拓展孟津梨的市场，提升产业的整体发展水平。

第二，强化基础设施建设和人才队伍建设。为提升孟津梨产业的可持续发展能力，需进一步完善农村基础设施，确保网络覆盖广泛且稳定。同时，提高电商人才的待遇，积极引进各类专业人才，鼓励青年群体投身创业热潮。此外，还应开设电商培训课程，建立高校培养机制，为产业发展提供有力的人才保障。

第三，优化产品包装与物流体系。鉴于当前孟津梨包装形式单一、同质化问题突出，且设计水平相对较低，难以有效吸引消费者，因此，急需设计独具匠心的包装方案，并采用冷藏运输方式，以减少运输过程中可能造成的损伤和腐败现象，从而提升产品整体品质和市场竞争力。

第四，积极申报商标，提升品牌影响力。鉴于孟津梨市场品牌认知度较低的现状，需尽快申报商标，以提高产品质量和售后服务水平，确保产品具有鲜明的辨识度。通过品牌建设，培养消费者的忠诚度，进而提升孟津梨在市场上的竞争力。

四、一码贵州电商平台农产品网络营销

随着国民收入水平的稳步提升以及网络的蓬勃发展，消费者通过网络购物日益常态化，这一现象促使电子商务在中国市场迅猛发展。商务部发布的《中国电子商务报告（2022）》数据显示，"2022年全国电子商务交易额达43.83万亿元，同比增长3.5%。全国网上零售额达13.79万亿元，同比增长4.0%。"[①] 然而，各省份在电商发展方面呈现出不均衡的现象。具体而言，一线城市在电商领域表现较为突出，发展水平较高；二线、三线城市则进展较为缓慢，如贵州省在电商领域

---

①网易.《中国电子商务报告（2022）》发布：2022年全国电子商务交易额达43.83万亿元[R/OL].（2023-4-27）[2024-2-7].https://www.163.com/dy/article/I3BQE3Q705199NPP.html.

存在购买活跃但销售相对滞后的情况。为了促进当地农特产品销售，许多地方推动线下企业与线上融合发展，建立本地电商平台，如义乌购、一码贵州等。这些平台为农产品提供了新的销售渠道，但面对主流电商的竞争压力，如何制定本地特色的网络营销策略成为亟待解决的问题。借助网络营销手段，可以有效减少对农户中间环节，稳定商品价格，进而提升农户收入水平。因此，要充分利用传统市场基础，借助互联网平台进行网络营销，拓展市场，扩大消费群体。同时要加强农产品网络基础建设，培养网络营销人才，完善标准化建设，创新营销模式，以提升农产品网络营销效果。

（一）一码贵州营销环境分析

作为本土电商平台，一码贵州平台，于 2021 年 7 月 29 日正式上线。该平台的核心使命在于协助传统企业有效打通电商销售渠道，为广大用户提供便捷的一站式贵州农特产品购买服务，并致力于构建具有贵州特色的电商扶贫新平台。通过该平台，贵州农特产品得以更广泛地走向全国市场，获得更多的线上销售、展示及推广机会。一码贵州平台已成功推出微信小程序和手机 App 两个访问端口，以满足不同用户的需求。

一码贵州平台致力于全面整合省内各类资源，有效促进优质农产品的线上销售，积极解决产销对接难题，为农产品提供畅通的电商销售渠道。一码贵州拥有专业的服务团队，将服务延伸至村级，全力推动农产品的电商化进程，助力数字经济产业的快速发展。同时，致力于为消费者提供来自贵州的丰富多样的优质产品，满足广大消费者的需求。本书分别基于 PEST（political——政治、economic——经济、social——社会和 technological——技术）和 SWTO（strengths——优势、weaknesses——劣势、threats——威胁、opportunities——机会）对一码贵州进行分析。

1. 一码贵州 PEST 分析

（1）政治环境

一系列相关法律文件引导了农村、农业和电商的发展，为一码贵州等本地电商平台提供了政策支持，推动了贵州农产品线上销售。同时，国家相关政策支持农村电商发展。自 2005 年起国家开始关注并制定政策促进电商在农村的发展。

2019 年 3 月贵州省人民政府办公厅印发的《贵州省进一步加快农村电子商务发展助推脱贫攻坚行动方案（2019—2020 年）》（现已失效）提出了"进一步加快农村电子商务发展，促进我省特色农产品订得早、销得畅、卖得出，助推脱贫攻坚"[①]。

（2）经济环境

贵州经济的稳步增长态势，为农产品电商销售营造了优越的环境。贵州 GDP 稳步提升，人均收入增长显著，消费水平呈上升趋势。贵州本土电商凭借自身独特优势，在农产品网络零售市场中占据了主导地位。经济的稳健发展以及消费者行为的转变，为本地电商提供了更为广阔的销售空间。

（3）社会环境

贵州省位于中国西南部，拥有复杂多样的农业环境，这一特殊条件使得其农业生产模式和农产品销售模式相较于其他地区显得不够成熟。由于地理环境、气候条件等因素的多样性，贵州的农业生产呈现出分散、小规模的特点，这在一定程度上制约了农产品的销售和发展。同时，由于贵州农民多以家庭为单位进行农业生产，缺乏规模化、集约化的经营模式，导致农产品产量有限，难以满足市场需求。此外，农产品分布零散，缺乏统一的销售渠道和平台，使得农民难以将农产品有效地推向市场。贵州省农业环境的复杂性导致了农业生产模式和农产品销售模式的不成熟。

（4）技术环境

在技术层面，信息技术的迅猛发展，为农业电子商务的蓬勃兴起提供了坚实的技术支撑和强有力的保障。随着通信网络的日益完善，农村电子商务的发展迎来了前所未有的历史机遇，为广大农民开辟了一条全新的销售渠道，有力地推动了农业现代化进程。信息技术的持续革新，极大地简化了手机应用软件、小程序等开发流程，使之变得更加高效便捷。这些先进的技术工具不仅显著降低了技术实现的难度，更为农村生产基地、合作社等提供了便捷的途径，使其能够轻松通过电商平台开展线上销售活动。与此同时，现代农业电子商务亦受益于大数据、云计算、数据挖掘等现代信息技术的迅猛发展，焕发出新的生机与活力。这些技

[①]贵州省人民政府办公厅.《贵州省进一步加快农村电子商务发展助推脱贫攻坚行动方案（2019—2020 年　）》[R/OL].（2019-3-13）[2024-2-8].http://www.guizhou.gov.cn/zwgk/zfgb/gzszfgb/201904/t20190416_70523560.html.

术使得大量的农业数据得以被挖掘和分析，从而更好地满足消费者的需求。信息技术的不断发展为农业电子商务带来了前所未有的机遇和挑战。

2. 一码贵州 SWOT 分析

（1）一码贵州优势分析

作为贵州省政府着力培育的电商平台，一码贵州在政策上享有得天独厚的优势地位，得到了政府的大力扶持和关注。得益于贵州省政府的大力支持和政策倾斜，该平台成功汇聚了众多贵州省的优质资源，为推动地区经济发展发挥了重要作用。一码贵州依托贵州电子商务云运营有限责任公司的广泛渠道资源，在国内及国际范围内均拥有丰富的拓展途径。一码贵州能够迅速构建覆盖省内外的高效农产品经销网络，进而将贵州地区优质的农产品推广至更广泛的市场领域。这种资源优势显著增强了一码贵州在农产品电商行业的市场竞争地位。此外，一码贵州深入参与贵州省电商供应链云仓服务体系的构筑工作，成功实现了农产品物流供应链的畅通，为农产品的线上销售开辟了一条高效便捷的渠道。作为本土电商平台，一码贵州对省内农产品的发展态势保持着深入而细致的观察。依托省内众多优质、可靠的供应商资源，一码贵州能够紧密结合市场需求，精心打造符合贵州农产品特色的线上销售方案。这种量身打造的服务模式，使一码贵州能够更精准地满足广大消费者的需求，从而进一步优化用户体验，提升市场竞争力。

（2）一码贵州劣势分析

尽管一码贵州具有诸多优势，但也存在一些劣势。首先，与传统主流电商平台相比，一码贵州在用户流量和粉丝忠诚度方面仍有差距。主流电商平台以综合性商品销售为主，拥有庞大的用户基础和广泛的用户覆盖。而一码贵州作为以贵州农特产品销售为主的本土电商平台，其用户体量和知名度相对较低。其次，一码贵州在产品种类和丰富度方面也存在一定局限。由于其主要聚焦于贵州农产品，因此在商品种类的多样性和丰富度上可能不如综合性电商平台。这可能限制一码贵州在更大范围内的市场拓展和竞争力提升。

（3）一码贵州机会分析

尽管面临一些劣势，但一码贵州也拥有许多发展机遇。首先，国家对农业电商政策给予支持，一码贵州可以充分利用这些政策支持，加快自身的发展步伐。通过参与农村电商项目建设、发放消费券等方式，一码贵州可以进一步提升平台的知名度和影响力。其次，一码贵州可以借助贵州电子商务云运营有限责任公司在省外的分支机构，对省外重点目标市场进行拓展。通过拓展省外市场，一码贵州可以将贵州的优质农产品推向更广阔的地域，实现更大的商业价值。此外，随着消费者对健康、绿色、有机食品的需求不断增加，一码贵州可以抓住这一市场机遇，加强对有机、绿色农产品的推广和销售。通过提供高品质、健康、安全的农产品，一码贵州可以引起更多消费者的关注。

（4）一码贵州威胁分析

一码贵州面临着一些威胁和挑战。省外主流电商平台在客户数量与客户黏性方面已占据显著优势地位。这些平台凭借其庞大的用户基数和稳定的客户群体，对一码贵州平台构成了一定的市场竞争压力。省内众多本土电商平台，正在持续且稳健地发展壮大，它们正积极抢占贵州农产品电商发展的市场机遇。这些平台与一码贵州在农产品电商领域形成了直接的竞争态势，使得市场竞争格局进一步加剧。

（二）一码贵州网络营销存在的问题

1. 产品策略问题

（1）贵州农产品标准化程度低

贵州作为一个拥有得天独厚地理和气候条件的省份，孕育了众多优质的农产品。从香辣的辣椒到清新的茶叶，再到独特的刺梨，这些农产品不仅丰富了贵州的农业资源，也为当地农民带来了丰厚的收入。然而，尽管贵州农产品种类丰富，但在规模化、标准化、品牌化建设方面却显得相对薄弱，这直接导致了农产品多而商品少的问题，进而无法形成规模效应和品牌效应。贵州农产品标准化程度低是一个亟待解决的问题。标准化是农产品走向市场、提升竞争力的关键所在。然而，贵州在农产品生产、加工、流通等环节，标准化体系建设尚未完善。这使得贵州农产品在市场上难以形成统一的品牌形象，消费者难以对产品质量进行准确判断。同时，由于缺乏标准化生产指导，农民在种植、养殖过程中难以保证产品的一致性和稳定性，进一步影响了农产品的市场竞争力。

（2）产品品类单一

产品品类单一也是制约贵州农产品发展的一个重要因素。目前，一码贵州等电商平台主要致力于销售贵州地区的农产品，尤其以水果、蔬菜等生鲜产品为主。

尽管这些产品确实在市场上拥有一定的需求，但不可否认的是，其产品品类相对较为单一，可供消费者选择购买的产品类型仍显有限。与主流综合性电商平台相比，贵州农产品在数量上并不具备优势，难以引起更多消费者的关注。因此，贵州需要加大农产品标准化和品牌化建设的力度，同时丰富产品品类。

2. 定价策略问题

一码贵州，作为一个独具匠心的农产品销售平台，近年来凭借其创新的渠道整合策略和精准的市场定位，逐渐在竞争激烈的市场中崭露头角。它通过高效整合各类资源，成功将公共机构、机关团购等多个农产品销售渠道纳入其覆盖范围，从而实现了销售网络的全面覆盖。为了降低仓储成本，一码贵州精心规划并建设了多个仓储中心。这些仓储中心不仅具备现代化的仓储设施和管理系统，还具备高效的物流配送能力，能够快速响应市场需求，确保农产品的及时供应。为了提升知名度并快速抢占市场份额，一码贵州采取了灵活的定价策略。它对入驻企业收取较低的佣金，大大降低了企业的运营成本。同时，依托其物流成本优势，一码贵州平台上的农产品定价普遍低于主流电商平台。这一策略极大地提升了商户的利润空间，吸引了大量企业入驻一码贵州平台。然而，这种低价策略也带来了一定的挑战。随着企业数量的不断增加，一码贵州平台面临着巨大的运营成本压力。为了维持低价策略，平台不得不压缩自身的利润空间，这使得其长期发展面临一定的困难。

3. 分销策略问题

依托政策优势，一码贵州平台在销售渠道的构建上，积极发挥省级平台的引领和带动作用，以省内外批发市场、公共机构、流通企业为主要目标市场，实现了农产品销售的有效对接。通过与省直单位达成在线批量采购合作，一码贵州成功推动了贵州农产品在省内公共机构中的采购运营，使得贵州农产品在公共机构采购中占据了较大的市场份额。此外，一码贵州还积极拓展省外市场，与广东、上海、北京等地的工会平台以及众多扶贫项目展开了深入且广泛的合作。这些合作不仅为广东省工会会员、上海政府企事业单位员工等提供了优质的农产品采购服务，也有效促进了贵州农产品在全国范围内的销售。然而，尽管一码贵州在销售渠道建设方面取得了显著成果，但面向广大消费者的农产品零售渠道在知名度方面仍有待提升，消费者的消费习惯也尚未全面形成。

4.促销策略问题

在当前的市场环境下，一码贵州的销售渠道主要以公共机构的批量采购为主，这种采购模式在一段时间内为贵州的产品推广和市场拓展带来了不小的助力。然而，随着市场竞争的加剧和消费者需求的多样化，一码贵州在促销策略上也面临着一些挑战。目前，一码贵州的促销方式主要以线下展会和产销对接渠道为主。这种方式对于直接与采购方进行沟通和合作无疑是有效的，但对于个体消费者来说，互动的机会相对较少，难以形成有效的购买转化。同时，线上促销虽然已经开始通过自有平台推广和政府平台推介模式进行，但相较于其他电商平台，其知名度和影响力还有待提升。为了更好地满足个体消费者的需求，一码贵州需要采取更为有效的手段来刺激他们产生持续性购买行为。

（三）一码贵州网络营销优化策略

1.产品优化策略

（1）以农产品为主，丰富工业品种类，打造多元化购物体验

聚焦平台的核心定位，一码贵州致力于推广销售贵州丰富的农产品。要坚持以贵州省的蔬菜、水果等生鲜产品以及深加工产品作为销售的重中之重，同时，在保障核心产品定位的基础上，适度引入文创产品、工艺品等具有贵州特色的其他商品，以此进一步丰富平台的产品线，为广大消费者提供更加多元化、个性化的购物选择，满足其日益增长的品质生活需求。为了更好地满足消费者的多样化需求，应特别注重产品的品质与特色。无论是生鲜产品还是深加工产品，都要严格筛选，确保产品的新鲜度、口感和营养价值。同时，还要结合贵州的地域文化特色，推出多款具有独特风味的文创产品和工艺品，让消费者在购物的同时也能感受到贵州的文化魅力。此外，还要注重提升平台的购物体验。通过优化页面设计、完善购物流程、提供便捷的支付方式等措施，为消费者营造一个舒适、便捷的购物环境。同时，定期举办各种促销活动，让消费者能够以更优惠的价格购买到心仪的商品。

（2）提升农产品网销适应性，强化品牌化、规模化电商销售之路

为了提升农产品网销适应性，要特别注重产品的品质与品牌建设。在上架产品时，优先选择有机农产品、绿色食品、无公害农产品和带有地理标志的产品，

这些产品不仅品质优良，而且具有独特的地域特色和文化内涵。同时，还要积极推动省内农特产品走品牌化、规模化电商销售之路。通过加强品牌宣传和推广，提升贵州省农产品的知名度和美誉度；通过完善电商销售平台的建设和运营，扩大农产品的销售渠道和市场份额。此外，要对平台入驻店铺的农产品质量分级、采后处理、包装配送等标准体系进行严格把控，建立完善的农产品质量安全追溯管理信息平台，对农产品从生产到销售的全过程进行监控和管理，确保产品的质量和安全。同时，要积极推广现代化的农产品采后处理和包装技术，提升产品的附加值和市场竞争力。这些措施的实施不仅能够提升贵州省农产品的品牌效应和市场影响力，还为消费者提供了更加安全、健康、美味的农产品。同时，这也为贵州省农业产业的可持续发展注入了新的动力和活力。

2. 定价优化策略

在平台发展初期，为了迅速打开市场、吸引用户并提升销量，通过降低店铺入驻佣金和产品售价来吸引政府公共机构进行大批量采购，无疑是一种行之有效的策略。这种策略可以在短时间内实现销量的快速增长，并带动平台知名度的提升，从而吸引更多的潜在用户。然而，仅仅通过压缩利润空间来追求客户数量和销量的增长并非长久之计。随着市场竞争的加剧和用户需求的变化，过度依赖低价策略可能导致平台陷入利润低迷的困境，甚至影响整个平台的稳健发展。因此，为了实现平台的可持续发展，应该采取更为合理的策略。首先，要制定合理的佣金政策，既能够保证平台的收入，又能为企业提供足够的利润空间。这样一来，企业就有更多的动力去提升产品质量和服务水平，从而吸引更多的消费者。其次，要制定符合市场规律的价格策略。价格应该根据产品的品质、市场需求以及竞争状况来设定，以确保平台的商品既具有竞争力，又能保证合理的利润水平。这样不仅可以吸引消费者，还能为平台的长远发展奠定坚实的基础。最后，要关注平台整体的生态建设。除了制定合理的佣金和价格政策外，还应该加强平台的运营管理，提升用户体验，加强企业培训，优化物流配送等，以提高平台的整体竞争力。

3. 分销优化策略

农产品的特殊性在于其生长周期、季节性和易腐性，这决定了其销售周期相对较短。因此，对于农产品供应商来说，如何在短时间内将应季农产品迅速销售出去，降低库存压力和成本，一直是需要面对的挑战。公共机构的批量采购，成了一个行之有效的解决方案。这些公共机构作为大宗农产品的采购主体，具有稳定的采购需求、强大的购买能力和良好的信誉度。这些机构可以通过与农产品供应商建立长期稳定的合作关系，实现对应季农产品的快速采购和销售。这种方式不仅可以解决农产品供应商的销售难题，同时也为公共机构提供了优质、安全的农产品供应保障。在批量采购的过程中，通过优化运输方式，降低物流成本也是至关重要的。可以将大量的农产品集中起来，采用更加经济高效的运输方式，如大型货车、集装箱等，从而减少运输次数和成本。同时，对于一些易腐的农产品，还可以采用冷藏、保鲜等技术手段，确保其在运输过程中的品质和安全。当前，除了继续稳固大宗农产品批发渠道外，还要拓展零售板块业务，以推动业务的全面、均衡发展。随着互联网的普及和电子商务的快速发展，个人消费者对于农产品的购买需求日益旺盛。因此，搭建直达个体消费者的购买渠道，成为农产品供应商拓展市场的重要途径。

4. 促销优化策略

一码贵州平台通过对用户偏好的深入分析，采取精准推送策略，从而为用户提供更加个性化的服务体验。同时，平台可以根据用户的购买信息，实施差异化产品推荐，以满足用户多样化的需求。为提升农产品的品牌知名度与市场影响力，平台可以借助短视频、直播等多元化形式。同时，为进一步推动农业产业的健康发展，平台可以推出各类销售套餐，以引起更多消费者关注并购买农产品。

随着电商行业的发展，消费者的购物习惯已发生显著变化，在线购买农产品已逐渐演变为一种更为高效便捷的消费模式。为有效减少线上购销成本，并提升农产品在线销售占比，贵州省创立了一码贵州等平台促进农产品线上销售，进而推动贵州本土电商产业的稳健与持续发展。基于经典的 4P 理论框架，我们深入分析了一码贵州平台经营及网络营销过程中存在的问题，并针对分销、定价、促销、产品等方面提出一系列策略建议，以期进一步促进贵州农产品的网络销售，提升市场竞争力，助力乡村振兴。

参考文献

[1] 陈拥军，王庭．农产品营销 [M].上海：上海交通大学出版社，2021.

[2] 戴遐海．农产品营销技巧读本 [M].南京：江苏科学技术出版社，2012.

[3] 汪泉，尹涛，惠现波．农村网络基础与农产品网上营销 [M].郑州：黄河水利出版社，2012.

[4] 张党利．农产品网络营销重要问题多维解读 [M].长春：吉林出版集团股份有限公司，2020.

[5] 严启中，张开华．农产品营销学 [M].武汉：武汉大学出版社，1991.

[6] 戴程．农产品品牌建设与营销 [M].厦门：厦门大学出版社，2019.

[7] 高武国，李鲁涛，徐耀辉，等．农产品电子商务与网络营销 [M].北京：中国农业科学技术出版社，2015.

[8] 李淑卿，孙华玲．农产品市场营销 [M].济南：山东人民出版社，2006.

[9] 王耀光．农民农产品营销知识指南 [M].合肥：安徽人民出版社，2009.

[10] 李怡菲，韩斌．农产品网络营销实务 [M].北京：中国农业大学出版社，2016.

[11] 王宁娟．大数据背景下农产品营销策略探究 [J].南方农机，2023，54（20）：91-93；116.

[12] 丁磊．数字经济发展对农产品价格波动的影响 [J].活力，2024，42（2）：187-189.

[13] 王礼伟．企业基于消费者视角的特色农产品营销策略 [J].现代营销（下旬刊），2024（1）：49-51.

[14] 刘淑琪．农产品品牌营销策略研究 [J].山西农经，2023（24）：154-156.

[15] 梁若思 . 新零售背景下农产品直播带货营销策略研究 [J]. 中国集体经济，2023（36）：77-80.

[16] 黄细芬 . 数字经济赋能视角下农产品新零售营销模式创新研究——以广东省肇庆市为例 [J]. 全国流通经济，2023（23）：4-8.

[17] 龚映梅，刘明凤 . 国内农产品营销渠道研究综述 [J]. 江苏商论，2023（10）：9-13.

[18] 潘苏怡 . 电商助农视域下农产品营销再升级的路径探索 [J]. 农村经济与科技，2023，34（21）：243-246.

[19] 钟长秀 . 电子商务时代农产品网络营销渠道创新分析 [J]. 营销界,2023（21）：86-88.

[20] 夏焘 . 直播带货助力农产品营销策略 [J]. 全国流通经济，2023，（21）：40-43.

[21] 李琦 . 互联网＋背景下县域农产品营销策略分析——以巴楚县留香瓜为例 [D]. 西安：长安大学，2020.

[22] 马俊明 . 我国农产品营销渠道模式优化探析 [D]. 武汉：华中师范大学，2014.

[23] 孙大鹏 . 我国农产品营销渠道变迁机理研究 [D]. 大连：东北财经大学，2018.

[24] 宋雪溶 . 互联网环境下生鲜农产品营销渠道优化研究 [D]. 长沙：中南林业科技大学，2018.

[25] 窦鹏 . "互联网＋"视阈下的绿色农产品营销模式探究 [D]. 滁州：安徽科技学院，2017.

[26] 李长胜 . 优质农产品混合式营销平台构建与发展研究 [D]. 合肥：安徽农业大学，2023.

[27] 王康 . 农村电商引导下的农产品营销模式研究 [D]. 舟山：浙江海洋大学，2017.

[28] 冯巧慧 . 互联网＋背景下我国农产品营销模式创新研究 [D]. 北京：北京印刷学院，2017.

[29] 周文华."互联网＋农产品营销"体系的探究 [D].新乡：河南师范大学，2016.

[30] 陈媛媛.新媒体时代背景下农产品营销研究 [D].武汉：武汉轻工大学，2016.